EXPOSITION UNIVERSELLE DE 1878,

À PARIS.

MINISTÈRE DE L'INSTRUCTION PUBLIQUE, DES CULTES
ET DES BEAUX-ARTS.

CATALOGUE

DE L'EXPOSITION DES ARCHIVES

DE LA

COMMISSION DES MONUMENTS HISTORIQUES

DE FRANCE.

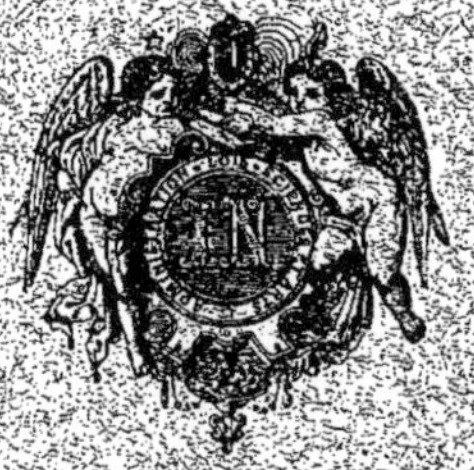

PARIS.

IMPRIMERIE NATIONALE.

M DCCC LXXVIII.

EXPOSITION UNIVERSELLE DE 1878,

À PARIS.

MINISTÈRE DE L'INSTRUCTION PUBLIQUE, DES CULTES ET DES BEAUX-ARTS.

CATALOGUE

DE L'EXPOSITION DES ARCHIVES

DE LA

COMMISSION DES MONUMENTS HISTORIQUES

DE FRANCE.

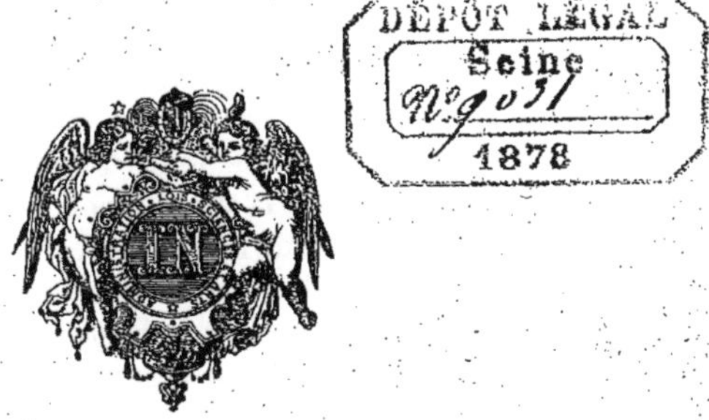

PARIS.

IMPRIMERIE NATIONALE.

M DCCC LXXVIII.

EXPOSITION UNIVERSELLE DE 1878,

À PARIS.

LES MONUMENTS HISTORIQUES DE FRANCE.

C'est en 1830 que les Chambres, s'associant au mouvement national qui se produisit vers cette époque, reconnurent à la conservation des monuments historiques un caractère d'intérêt public, en ouvrant pour cet objet un premier crédit de 80,000 francs, au budget de 1831.

Vitet, et après lui, Mérimée, ont été les organisateurs du nouveau service et tous deux en ont fait véritablement leur œuvre. Ils ont laissé des instructions qui sont toujours en vigueur et qui ont permis de continuer la tradition de ces deux maîtres.

En 1837, le crédit voté par les Chambres fut élevé au chiffre de 200,000 fr. et c'est à cette date que remonte la création de la Commission des monuments historiques qui n'a jamais cessé de fonctionner depuis cette époque. La répartition du crédit, l'examen des projets et le choix du personnel chargé de l'exécution constituent ses principales attributions.

Des inspecteurs généraux, membres de la Commission, sont chargés de visiter les chantiers, de rendre compte de la manière dont les monuments sont restaurés et d'apporter aux architectes dans les circonstances difficiles le concours de leur expérience et de leur talent. Cette inspection est complétée par un contrôle chargé de la vérification des comptes.

Le crédit des monuments historiques, porté à 600,000 francs, de 1842 à 1847, fut élevé en 1848 à 800,000 francs; en 1855, à 870,000 francs; en 1859, à 1,100,000 francs, et enfin en 1877, à 1,360,000 francs, chiffre qui paraît devoir être augmenté en 1879. Ces ressources s'ajoutant à celles que les départements et les communes réunissent de leur côté pour la restauration de leurs anciens édifices permettent d'exécuter chaque année une somme de travaux d'environ 2 millions de francs.

Une liste établie par la Commission des monuments historiques comprend les édifices dont la conservation présente un intérêt au point de vue de l'histoire de l'art. L'inscription d'un monument sur cette liste a pour objet de le signaler à l'attention de l'autorité locale; elle entraîne l'interdiction d'y exécuter *aucuns travaux* sans l'autorisation du Ministre compétent, mais elle n'implique pas nécessairement pour l'État l'obligation de le restaurer. En effet, le crédit des monuments historiques est loin d'être en rapport avec les besoins constatés; c'est à peine s'il est suffisant pour assurer la restauration des principaux types de l'architecture française.

La loi de finances qui ouvre ce crédit autorise et justifie en principe tous les actes administratifs qui touchent à la conservation d'un monument historique, elle leur donne un caractère d'utilité publique qui peut s'étendre jusqu'au droit d'expropriation, quand il s'agit de débarrasser ce monument de constructions de nature à compromettre son existence.

C'est à l'initiative de la Commission des monuments historiques qu'est due la création du musée des Thermes et de l'hôtel de Cluny. Fondé en 1843 avec la collection du Sommerard pour point de départ, cet établissement a toujours été placé sous la haute direction de la Commission, qui décide de toutes les acquisitions de quelque importance.

Tout projet de restauration est appuyé d'un relevé de l'état actuel du monument et ne peut être suivi d'exécution qu'après l'avis favorable de la Commission. Sa rédaction est toujours confiée à un artiste d'un talent éprouvé.

Les relevés et projets exécutés depuis l'organisation du service des monuments historiques constituent les archives de la Commission et forment aujourd'hui une collection de dessins du plus haut intérêt pour l'histoire de l'art.

Ces dessins, dont une partie seulement est aujourd'hui exposée au palais du Trocadéro, sont appelés à être publiés, et une première série, composée de quatre volumes in-folio comprenant 43 monographies et 237 planches, est actuellement terminée.

L'exposition des monuments historiques au Trocadéro comprend en outre 350 photographies de restaurations exécutées pendant ces dix dernières années.

MINISTÈRE DE L'INSTRUCTION PUBLIQUE, DES CULTES ET DES BEAUX-ARTS.

EXPOSITION DES ARCHIVES
DE LA
COMMISSION DES MONUMENTS HISTORIQUES.

MONUMENTS DITS CELTIQUES.

1. — Alignements de Carnac (Morbihan).

Les célèbres allées de pierres de Carnac couvrent un espace de 4,000 mètres en longueur, depuis les premières pierres du *Cromlech* du *Menec Vras* jusqu'à *Boud er Bic*, extrémité du *Menec Vihan*.

Elles se divisent en quatre monuments distincts orientés au soleil levant (Solstices et équinoxes) :

1° *Le Menec* que l'on peut traduire par *lieu du souvenir*. Ce premier alignement a 1,200 mètres de long sur 100 mètres de large ; il se compose de onze rangées de *menhirs* qui partent d'un demi-cercle encore assez régulièrement tracé parmi les maisons du petit village. Il a 942 pierres en place (409 levées, 533 renversées).

2° *Kermario, cité, ville, ker, des morts*. Ce second monument a 1,250 mètres de long sur 100 mètres de large. Jusqu'à *Vitri Vihan* (*la petite métairie*), il ne présente que dix lignes de pierres levées ; la onzième se laisse apercevoir seulement au-dessous du moulin de Kermaux. Il se compose de 885 menhirs (205 levés, 680 renversés).

3° *Kerlescan, cité, ville, ker, des cendres*. Ce troisième groupe occupe une longueur de 350 mètres sur 128 mètres en largeur. Un cromlech carré le commence ; 13 lignes de pierres partent de ce *cromlech*. Il y a à Kerlescan 294 pierres (116 levées, 178 renversées).

4° Le *Menec Vihan* ou le *petit Menec*. Ce dernier alignement est presque totalement détruit. On ne peut juger ni de sa largeur ni du nombre de ses files. En comptant celles qui bordent les fossés du chemin, il a 244 pierres (58 levées, 186 renversées).

La hauteur moyenne des pierres est au *Menec Vras* de $2^{m},50$ à 3 mètres. Quelques pierres atteignent 4 mètres ; les petites pierres ne dépassent pas $1^{m},40$ ou $1^{m},50$.

A *Kermario*, la hauteur moyenne des grandes pierres est de 4 mètres ; quelques-unes mesurent jusqu'à 6 mètres ; elles sont renversées ; les petites pierres debout ont de $1^{m},60$ à $1^{m},80$ de haut.

A *Keslescan*, la hauteur moyenne est de 2 mètres à $2^{m},50$; quelques grandes pierres atteignent 3 et 4 mètres.

Le *Menec Vihan* est tellement détruit qu'on ne peut préciser la hauteur moyenne de ses *menhirs*.

L'espace entre les pierres, dans les alignements les mieux conservés, varie de 3 à 4 mètres dans la longueur, de 9 à 10 mètres dans la largeur.

Il y a donc à Carnac 2,365 pierres dont 788 levées et 1,577 renversées.

En calculant la longueur totale, il pouvait y avoir autrefois 9,000 pierres dans les quatre alignements.

Dessins de M. H. du Cleuziou.

ARCHITECTURE DE L'ANTIQUITÉ.

Domination romaine dans les Gaules et en Afrique.

2. — Amphithéâtre de Nîmes (Gard).

Cet amphithéâtre, qui pouvait contenir 30,000 spectateurs, a été construit sous les Antonins; il emprunte son caractère et ses profils à l'architecture romaine et se fait remarquer surtout par de merveilleuses dispositions adoptées pour l'écoulement des eaux pluviales.

Au VIe siècle, il avait été transformé en forteresse; quelques traces de cette transformation se voient encore du côté du midi où l'on remarque notamment une tour sarrasine.

Des travaux importants de consolidation ont été entrepris, depuis 1859, sous la direction de M. Révoil, architecte.

Photographies des parties restaurées.

3. — Amphithéâtre d'Arles (Bouches-du-Rhône).

L'époque précise de sa construction ne nous est pas connue; le premier amphithéâtre en pierre ayant été construit à Rome sous le règne d'Auguste, on peut supposer que la ville d'Arles, qui était alors la *Rome des Gaules*, fut la première des colonies qui suivit cet exemple.

En plan, les dimensions de l'amphithéâtre d'Arles sont un peu plus grandes que celles de l'amphithéâtre de Nîmes. Il diffère surtout de celui-ci par son ordonnance et ses profils gréco-romains, par le système de linteaux employés dans la couverture de la galerie du rez-de-chaussée et par la hauteur du parapet du *podium* disposé en vue des luttes de bestiaires.

En 1825, la ville d'Arles, avec le concours de l'État et du département, entreprit de faire disparaître les maisons qui encombraient l'édifice et qui étaient au nombre de 213. Environ 162,000 francs furent affectés à cette opération. Un projet de consolidation générale fut ensuite mis à l'étude et exécuté au moyen d'un crédit spécial de 420,000 francs accordé par la loi du 22 juin 1845.

Dessins de M. Questel, architecte, qui a dirigé les travaux, continués aujourd'hui par M. Révoil; Photographies des parties restaurées.

4. — Théâtre d'Arles (Bouches-du-Rhône).

Par ses dispositions, ce monument, dont la construction remonte aux Antonins, offre un spécimen complet des édifices destinés par les Romains à la représentation de leurs spectacles. Sa décoration scénique était formée des marbres les plus rares, dont il reste de nombreux fragments.

De 1825 à 1843, la ville d'Arles, aidée par l'État et par le département, fit procéder à des travaux de déblai et d'acquisition de terrains, car, de même que l'amphithéâtre, le théâtre était encombré d'habitations. M. Révoil, architecte, a été chargé, en 1856, de la consolidation des parties qui mençaient ruine et de la continuation des opérations de dégagement.

Dessins de M. Questel, architecte.

5. — Temple d'Auguste et de Livie, à Vienne (Isère).

La construction de ce temple remonte au siècle d'Auguste; toutefois il n'a été achevé que postérieurement, du moins quant à la sculpture.

Des fragments de tuiles en bronze doré, trouvés autour du monument, ont dû appartenir à sa couverture primitive. Toute la partie postérieure de la *Cella* est d'un style très-pur et ses chapiteaux rappellent la belle époque de l'art antique.

Le temple d'Auguste et de Livie, converti en église au moyen âge, a subi de nombreuses mutilations. Sa restauration, commencée en 1853 par feu Constant Dufeux, architecte, est continuée par M. Daumet.

Dessins de M. Questel, architecte, et photographies des parties restaurées.

6. — **Monument antique découvert au sommet du Puy-de-Dôme.**

Cet édifice, dont les substructions mises à découvert indiquent l'importance, était probablement *le Vasso* ou *temple de Mercure des Arvernes* dont parle Grégoire de Tours et qui, selon lui, a été détruit au IIIe siècle par les Alemans. Les matériaux précieux qui furent employés dans la construction de ce temple paraissent avoir été enlevés au moyen âge et utilisés dans les églises des environs, notamment à l'abbaye de Saint-Alyre près Clermont. La statue colossale en bronze de Mercure par Zénodore dont parle Pline devait sans doute être placée sur le mamelon qui domine la plate-forme du monument.

Dessins de M. Bruyerre, architecte, chargé de la direction des fouilles.

(Voir la suite des relevés dans la section des Beaux-Arts au Champ de Mars.)

7. — **Porte d'Auguste, à Nîmes** (Gard).

Ce monument antique a été découvert en 1790, lors de la démolition d'un édifice appelé *le Château*. Il était flanqué de deux grandes tours circulaires dont les substructions sont aujourd'hui recouvertes par la voie publique. La frise porte une inscription indiquant que les murailles et les portes de Nîmes ont été construites sous le règne d'Auguste en l'an 736 (16 ans avant Jésus-Christ).

Photographies donnant l'état de la porte après les travaux de dégagement et de restauration exécutés successivement sous la direction de M. Questel et de M. Révoil, architectes.

8. — **Porte Saint-André et porte d'Arroux, à Autun** (Saône-et-Loire).

Porta lingonensis, très-remarquable par sa construction et son ordonnance architecturale. Toute la partie gauche formant avant-corps a été démolie à une époque fort reculée ainsi que la tour qui, de ce côté, faisait pendant à celle dont on voit encore toute la partie inférieure à droite, en entrant dans la ville. Le poste militaire qui était établi dans cette dernière tour avait été converti en chapelle au XIIe siècle; on y voit encore des traces de peintures murales de cette époque.

La porte d'Arroux (*porta Senonica*) s'ouvrait sur la voie d'Agrippa.

Dessin de la porte dite de Saint-André, par M. Viollet-le-Duc, qui a dirigé les travaux de consolidation, et photographies.

9. — **Pont du Gard, près Nîmes** (Gard).

Ce gigantesque ouvrage faisait partie d'un aqueduc de 41 kilomètres de longueur, qui conduisait à Nîmes les eaux des fontaines d'Eure et d'Airan, et qui fut, dit-on, construit sous le règne d'Auguste par son gendre Agrippa, investi, dans le midi des Gaules, de la charge d'intendant général des eaux (*Curator perpetuus aquarum*).

Situé à 23 kilomètres au nord-est de Nîmes, le pont du Gard relie les deux rives d'une vallée profonde au milieu de laquelle coule la rivière du Gardon. On croit qu'il fut rompu au Ve siècle, lors des premières invasions des barbares, qui se seraient rendus maîtres de Nîmes en la privant de ses eaux. Depuis lors, il ne fut plus qu'une simple voie de communication. Des réparations très-insuffisantes furent exécutées au XVIIIe siècle.

Dessins de MM. Questel et Laisné; ce dernier a dirigé les importants travaux de restauration exécutés de 1855 à 1858.

10. — **Thermes et Nymphée, à Nîmes** (Gard).

Les fouilles exécutées par M. Révoil, architecte, ont contribué à démontrer que le monument, connu sous le nom de *Temple de Diane*, devait être un nymphée, comme celui d'Albano, dont il se rapproche par la disposition de son plan.

La construction de la voûte est très-remarquable, et les architectes provençaux ont dû s'en inspirer pour élever les premières églises voûtées du midi de la France.

Ce nymphée paraît avoir été une annexe des thermes dont les restes, qui existaient encore sous Louis XIV, ont disparu pour faire place au jardin établi par l'ingénieur Maréchal. Les portiques seuls ont été réédifiés sur le plan et le modèle antiques.

Dessins de M. Simil, architecte.

11. — **Mausolée des rois de Mauritanie,** dit **Tombeau de la chrétienne, près Tipaza** (Algérie).

Ce monument, désigné par Pomponius Mela sous le nom de *Monumentum commune regiæ gentis*, a été élevé par Juba II, qui régnait du temps d'Auguste et de Tibère et qui y fut enseveli avec sa première femme, Cléopâtre Sélené, fille de la fameuse Cléopâtre. Violé par les Vandales d'abord, puis à plusieurs reprises par les Arabes, le tombeau de la chrétienne a subi de nos jours de nouvelles dégradations, par suite des infiltrations qui se sont produites après les sondages faits, en 1866, pour retrouver sa véritable entrée.

Par son style et son aspect général, il rappelle les mausolées d'Auguste et d'Adrien.

Dessins de M. Bourmancé, architecte.

ARCHITECTURE RELIGIEUSE.

Division par écoles et par provinces.

Pendant la période romane, chaque province avait son école qui était née dans un milieu particulier, sous l'influence de certaines traditions, et s'était développée séparément jusque dans la première moitié du XIIe siècle. Nous avons donc été conduits à grouper ensemble toutes les églises romanes d'une même école, de manière à faire ressortir les caractères qui la distinguent. Mais, quelquefois, le milieu dans lequel une école s'est formée a subi lui-même des influences diverses qui ont produit des types différents. Dans le Poitou, par exemple, deux systèmes, celui de la voûte en berceau et celui de la coupole, sont également appliqués. Le plus souvent, l'influence d'une école s'est étendue dans tout le bassin d'un fleuve ou d'une rivière, mais il y a des exceptions à cette règle. Les ordres monastiques, principalement ceux de Cluny et de Cîteaux qui ont fait école en architecture, ont introduit l'application de leurs méthodes sur tous les points où ils ont porté des établissements. Enfin, la ressemblance ou l'analogie qui existent entre des monuments, quelquefois très-éloignés les uns des autres, sont dues fréquemment à l'influence personnelle d'un artiste qui a inspiré ces monuments quand il ne les a pas construits lui-même.

Bien qu'à partir de la seconde moitié du XIIe siècle, les différentes écoles d'art tendent à disparaître pour subir l'influence de la nouvelle architecture de l'Ile de France, nous avons cru devoir grouper ensemble toutes les églises ogivales d'une même province. Ce classement est celui qui permet de faire les rapprochements les plus intéressants et les plus concluants au point de vue de l'histoire de l'art; d'ailleurs, pendant le XIIe siècle, les trois écoles bourguignonne, champenoise et normande conservent un caractère local, tout en adoptant le nouveau style.

École de l'Ile de France.

Ses limites suivent le cours de l'Eure, de Chartres à Pont-de-l'Arche, s'étendent jusqu'à la mer vers Dieppe, passent par Beauvais, remontent le cours de l'Oise jusque près de Saint-Quentin, passent par Laon, Château-

Thierry, Provins, Nogent-sur-Seine, touchent à Sens, descendent à Montargis et à Orléans.

Son influence se fait sentir : au delà de Chartres, jusqu'à Nogent-le-Rotrou; au delà d'Orléans, jusqu'à Bourges; au delà de Nogent-sur-Seine, jusqu'à Troyes.

12. — **Crypte de Saint-Avit, à Orléans** (Loiret).

L'une des plus anciennes que nous possédions (VIIe siècle). Sous le rapport de la construction, ce monument a de l'analogie avec la chapelle de Neuwiller, fondée en 716, avec l'église d'Eschau qui date de 773 et surtout avec l'église de Vignory fondée en 986, dont l'appareil, la taille des pierres, la forme des tailloirs des piliers et celle des fenêtres sont les mêmes.

Dessins de M. E. Bœswillwald, architecte.

13. — **Église de Germigny-des-Prés** (Loiret).

Petite église du IXe siècle (806) avec abside circulaire et deux absidioles.

Les murs de l'abside sont décorés de stucs et de mosaïques d'un grand caractère; sa voûte en cul-de-four est revêtue d'une mosaïque à fond d'or.

Dessins de M. Lisch et photographies des parties restaurées sous la direction de cet architecte.

14. — **Église de l'ancienne abbaye de Saint-Denis** (Seine).

Crypte du XIe siècle; pourtour du chœur, chapelles et partie supérieure de la nef bâtis par l'abbé Suger au milieu du XIIe siècle; chœur, transept et nef élevés sous saint Louis; anciens vitraux du XIIe siècle.

La façade actuelle a conservé quelques parties du temps de Suger, qui ont été dénaturées. La flèche de la tour nord (gauche) était du XIIIe siècle; en 1846, on dut la démolir parce qu'elle menaçait de s'écrouler.

Le monument tout entier, moins la façade, est aujourd'hui restauré. Les travaux, exécutés aux frais de l'État, ont été dirigés par M. Viollet-le-Duc.

Photographies des parties restaurées.

15. — **Église Notre-Dame, à Mantes** (Seine-et-Oise).

Copie réduite de Notre-Dame de Paris, bâtie d'un seul jet à la fin du XIIe siècle; les tours sur la façade datent du XIIIe siècle; les chapelles du chœur sont du XIVe.

Dessins de M. A. Durand, architecte, qui dirige la restauration du monument, commencée en 1838, et photographies des parties restaurées.

16. — **Église Notre-Dame, à Senlis** (Oise) [Ancienne cathédrale].

Édifice de la fin du XIIe siècle qui n'avait pas de transept dans l'origine; les bras de croix ont été établis au XVe siècle en coupant deux travées de la nef. Clocher du commencement du XIIIe siècle.

Dessins de M. Duthoit, architecte, qui a dirigé les travaux de restauration exécutés en 1870.

17. — **Église de l'ancienne abbaye de Morienval** (Oise).

Cet édifice date de la fin du XIe siècle. Les clochers sont du commencement du XIIe siècle. Des remaniements considérables ont été opérés au XIVe siècle.

Dessins de M. E. Bœswillwald, architecte.

18. — **Église de Poissy** (Seine-et-Oise) [Ancienne collégiale].

Porche de la façade du IXe siècle; nef du XIIe, remaniée au XVIe et au XVIIe siècle; chœur de la fin du XIIe; chapelles de la nef et porche latéral du XVIe; clocher central du XIIe siècle; clocher sur la façade de la même époque, reconstruit en partie au XVIe. Bas-côté du chœur et chapelles latérales de la fin du XIIe.

Dessins de M. Formigé, architecte, et photographies des parties restaurées sous la direction de M. Viollet-le-Duc.

19. — Église de l'ancien prieuré de Saint-Leu-d'Esserent (Oise).

Narthex du XIe siècle; chœur de la fin du XIIe; nef du commencement du XIIIe; clocher du XIIe.

Dessins de M. Selmersheim, architecte, qui dirige la restauration du monument, et photographies des parties restaurées.

20. — Église de Mareil-Marly (Seine-et-Oise).

Cet édifice a été élevé d'un jet pendant les premières années du XIIIe siècle. Le clocher seul est plus ancien; il remonte au siècle précédent. Sous Louis XIV, la flèche étant détruite, on ajouta sur l'ancien étage à jour un nouvel étage en maçonnerie couronné par un comble couvert en ardoises.

La restauration, commencée en 1871 et aujourd'hui terminée, est due à M. Millet, architecte.

Dessins de M. Naples, architecte, et photographies des parties restaurées.

21. — Ancienne cathédrale de Noyon (Oise).

Remarquable monument de l'époque de transition, commencé à la fin du XIIe siècle, achevé au XIIIe, très-complet et possédant encore des dépendances considérables, cloître, salle capitulaire, trésor à deux étages, réfectoire avec grands celliers et greniers au-dessus, bâtiments de l'officialité et prison du chapitre (constructions datant du milieu du XIIIe siècle), ancienne librairie du chapitre, bâtiment en bois du XVIe siècle, restes de l'évêché comprenant une chapelle du XIIe siècle à deux étages et un curieux bâtiment du XVIe siècle.

Photographies des parties restaurées sous la direction de M. Selmersheim, architecte.

22. — Église de Plailly (Oise).

Malgré la régularité de son plan, cet édifice n'offre pas d'unité de style. Les murs de la nef et le clocher, jusqu'à la naissance de la flèche, paraissent appartenir à la fin du XIe siècle; la façade occidentale, d'une composition charmante, et le chœur tout entier, d'un style très-pur, appartiennent aux dernières années du XIIe siècle; la flèche est du XIVe et les voûtes des nefs qui, primitivement, étaient couvertes en charpente, datent du XVIe siècle.

On remarque dans la structure de cette église une influence bourguignonne que l'on peut attribuer au voisinage de l'abbaye clunisienne de Châlis.

Dessins de M. Werlé, architecte, qui dirige les travaux de restauration.

23. — Église Saint-Julien-le-Pauvre, à Paris (Seine).

Le chœur présente le caractère de la seconde moitié du XIIe siècle. La nef et les restes du portail paraissent postérieurs de cent ans environ. Le tout est aujourd'hui enclavé dans les bâtiments du vieil Hôtel-Dieu.

Dessins de M. Selmersheim, architecte.

24. — Tour de l'ancienne église abbatiale de Vendôme (Loir-et-Cher).

Cette belle construction, élevée pendant la première moitié du XIIe siècle, mesure 80 mètres de hauteur, de la base au sommet de la flèche. Elle est une des premières en ce genre qui furent édifiées spécialement pour recevoir des cloches. Ses dimensions témoignent de l'importance de la sonnerie qui ne comptait pas moins de onze cloches, et dont le carillon est resté fameux. Le beffroi en charpente occupait toute la hauteur des deux étages ajourés au-dessous de la flèche. Cette tour sert de clocher à l'église de la Trinité.

Photographies des parties restaurées sous la direction de M. P. Bœswillwald, architecte.

25. — Église Saint-Nicolas-Saint-Laumer, à Blois (Loir-et-Cher) [Ancienne abbaye].

Le chœur et le transept appartiennent à la période de transition; la sculpture de cette partie de l'édifice est des plus remarquables et présente un caractère tout particulier.

La nef et les deux clochers de la façade occidentale datent du XIIIe siècle. La chapelle placée dans l'axe du chœur est du XIVe siècle.

Dessins de M. A. de Baudot et photographies des parties restaurées sous la direction de cet architecte.

26. — Église Notre-Dame, à Laon (Aisne) [Ancienne cathédrale].

L'un des plus beaux spécimens de l'architecture du XIIIe siècle.

Dans l'origine, cette église avait une abside circulaire avec chapelles rayonnantes. Le plan fut modifié pendant la seconde moitié du XIIIe siècle et le chœur fut terminé par un chevet carré.

Dessin de M. E. Bœswillwald, architecte, qui dirige la restauration du monument depuis 1854, et photographies des parties restaurées.

27. — Église de Braine (Aisne).

Édifice du commencement du XIIIe siècle. La nef a été démolie au commencement de ce siècle. Il existe au musée de Soissons des fragments de sculpture peinte qui proviennent de la porte de la façade.

Photographie des parties en restauration sous la direction de M. Maurice Ouradou, architecte.

28. — Ancienne abbaye de Saint-Jean-des-Vignes, à Soissons (Aisne).

Édifice démoli après la Révolution.

La façade, qui a été épargnée, renferme des parties des XIIIe, XIVe et XVe siècles.

Photographie de cette façade, restaurée par M. Maurice Ouradou, architecte.

29. — Église de l'ancienne abbaye de Saint-Jean-aux-Bois (Oise).

Première moitié du XIIIe siècle.

Dessins de M. Mimey, architecte, qui dirige la restauration du monument.

30. — Église de Mogneville (Oise).

Clocher du commencement du XIIIe siècle.

Dessin de M. Duthoit, architecte.

31. — Ancienne abbaye d'Ourscamp (Oise).

Fondée en 1130 par Simon de Vermandois, évêque de Noyon.

L'église, dont il ne reste que le chœur en ruines, date du XIIIe siècle, ainsi que le vaste bâtiment très-bien conservé renfermant la belle salle, dite *des Morts*, qui a dû être l'hôpital de l'abbaye.

Dessins de M. Gion, architecte.

32. — Église de Ferrières (Loiret).

Ancienne église abbatiale de Bénédictins construite aux XIIe et XIIIe siècles, remarquable par sa rotonde placée au transept et par ses vitraux du XVIe siècle.

Photographies des parties restaurées sous la direction de M. Lisch, architecte.

33. — Église de Gonesse (Seine-et-Oise).

Ce monument remarquable a été construit au commencement du XIIIe siècle. Le triforium de la nef date du XIVe siècle. Les chapiteaux de la nef et du chœur, très-variés comme ornementation, sont d'une rare beauté.

L'église de Gonesse possède un magnifique buffet d'orgues du XVIe siècle, orné de peintures.

Dessins de M. Naples, architecte, chargé de diriger la restauration.

34. — Sainte-Chapelle du Palais, à Paris.

Saint Louis posa la première pierre de cet édifice en 1245. Trois ans plus tard, les travaux, dirigés par Pierre de Montereau, étaient achevés, et, le 25 avril 1248, la Sainte-Chapelle était consacrée. Des travaux importants, exécutés au xve siècle, ont modifié certaines parties du monument.

La restauration, commencée par Duban et Lassus, est continuée par M. E. Bœswillwald.

Photographies des parties restaurées.

35. — **Église de Saint-Sulpice de Favières** (Seine-et-Oise).

L'étude de l'architecture de cet édifice démontre qu'il a été commencé par l'abside, vers la fin du XIIIe siècle, et que les dernières constructions sont du XIVe siècle.

Belles stalles en bois du XIVe ou du XVe siècle.

Deux magnifiques verrières du XIIIe siècle.

Dessins de M. Lisch, architecte.

36. — **Église Notre-Dame, à Cléry** (Loiret).

Ce monument, bâti à la fin du XVe siècle par Louis XI, renferme les tombeaux de ce roi, de Dunois, de la famille de Longueville et le cœur de Charles VIII.

Photographies des parties restaurées sous la direction de M. Lisch, architecte.

37. — **Église de Boulogne** (Seine).

Cet édifice, dont la construction remonte à la première moitié du XIVe siècle, n'a été consacré qu'en 1469, ainsi que nous l'apprend Jacques Du Breuil (*Antiquités de Paris*), dont le témoignage est confirmé par une inscription incrustée dans les murailles de l'église. Ce monument, qui n'avait pu être achevé faute de ressources suffisantes, a été restauré et complété par M. E. Millet, architecte.

Photographies des parties restaurées.

38. — **Chapelle du château de Vincennes** (Seine).

Commencée sous Charles V, la construction élevée à la hauteur des voûtes resta inachevée. Elle fut continuée seulement sous Henri II, d'après les données premières.

La restauration, commencée en 1867, est exécutée sous la direction de M. de Baudot, architecte.

Dessins de M. Sauvageot, architecte, et photographies des parties restaurées.

École champenoise.

Ses limites suivent le cours de la Seine, de Bar-sur-Seine à Nogent-sur-Seins, vont jusqu'à l'Aisne en passant à Essommes, remontent le cours de l'Aisne jusqu'à Rethel, de là vont chercher la Meuse à Mouzon, s'étendent jusqu'à Commercy, englobent Toul, passent par Neufchâteau, Chaumont, Bar-sur-Seine.

Son influence s'étend jusqu'à Sens à l'ouest, jusqu'à Metz à l'est, et au delà de Nancy, Blamont, Mirecourt et Langres, au sud.

Pendant le XIIIe siècle, cette école conserve un caractère local, tout en adoptant le nouveau style de l'Ile de France.

39. — **Église de l'ancienne abbaye de Montiérender** (Haute-Marne).

Cet édifice, élevé vers la fin du Xe siècle sur l'emplacement d'une église plus petite, a été reconstruit en grande partie à la fin du XIIe siècle; le chœur, les murs du transept, l'abside avec ses chapelles et la tour sud de la façade principale sont de cette époque. La nef avec ses collatéraux du Xe siècle sont restés debout. Au commencement du XVIe siècle, les charpentes apparentes de la nef ont été remplacées par une voûte en bois, celles des bas-côtés par des voûtes d'arête en pierre. Le portail date du même temps.

L'église de Montiérender est un des plus curieux monuments de la Champagne, et le diverses époques de sa construction s'y distinguent parfaitement.

Photographies des parties restaurées sous la direction de M. E. Bœswillwald, architecte.

40. — **Église de l'ancienne abbaye de Vignory** (Haute-Marne).

La construction de cette église peut remonter, d'après le style de son architecture, à l'époque de la fondation du prieuré de Vignory, vers l'an 987. Six travées de la nef, le chœur avec son abside, ses collatéraux et ses trois chapelles appartiennent à la construction primitive. Les deux tours datent du XIe siècle.

Au XIVe siècle, les croisées romanes des chapelles du chœur ont été remplacées par des croisées à meneaux beaucoup plus grandes. Les deux travées à ogives et le porche actuel ont été soudés à la nef romane au commencement du XVe siècle. Le mur des bas-côtés nord a été reconstruit à la même époque; celui des bas-côtés sud fut ouvert pour donner entrée à une suite de chapelles construites également au XVe siècle, en même temps que la chapelle carrée de l'abside.

Photographies des parties restaurées sous la direction de M. E. Bœswillwald, architecte.

41. — **Église de Mont-devant-Sassey** (Meuse).

L'abside, le chœur, les transepts et la nef datent du commencement du XIIe siècle. Mais le système des voûtes de la nef et la forme des piliers ont été modifiés au XIIIe siècle. Le porche, qui était la partie la plus riche du monument, a été transformé à l'extérieur, à l'époque de la Renaissance. Sous le chœur, se trouve une crypte très-intéressante du XIe siècle.

L'église de Mont-devant-Sassey a beaucoup souffert d'un incendie allumé en 1660 par les Espagnols. Sa restauration, commencée par M. E. Bœswillwald, est continuée par M. L'Enfant.

Photographies des parties restaurées sous la direction de ces architectes.

42. — **Église Notre-Dame, à Châlons** (Marne).

Édifice du XIIe siècle remanié au XIIIe.

Photographies des parties restaurées sous la direction de M. Maurice Ouradou, architecte.

43. — **Église de l'ancienne abbaye de Mouzon** (Ardennes).

Cet édifice, qui date du commencement du XIIIe siècle, à l'exception des deux derniers étages des clochers construits au XVIe siècle, appartient, par le style, à l'école de l'Ile de France.

Dessins de M. E. Bœswillwald et photographies des parties restaurées sous la direction de cet architecte.

44. — **Église Saint-Urbain, à Troyes** (Aube).

Ancienne collégiale fondée en 1262 par le pape Urbain IV, continuée en 1264 par son neveu le cardinal Ancher et consacrée seulement en 1389. Exemple le plus remarquable du style gothique champenois arrivé à son dernier développement. La nef est inachevée. Cette église devait posséder trois clochers, l'un sur le transept et les deux autres sur la façade.

Dessins de M. Selmersheim et photographies des parties restaurées sous la direction de cet architecte.

45. — **Salle sydonale de Sens** (Yonne).

Élevée d'un seul jet sous le règne de saint Louis, à la fin de la première moitié du XIIIe siècle, elle présente dans toutes ses parties une parfaite unité de style et offre l'exemple d'un édifice en même temps civil et religieux de la plus belle époque de l'art en France.

Dessins de M. Viollet-le-Duc et photographies des parties restaurées sous la direction de cet architecte.

46. — **Église et chapelle sépulcrale d'Avioth** (Meuse).

L'église d'Avioth est un édifice remarquable et richement décoré de la fin du XIIIe siècle, altéré par des additions du XVe siècle. La chapelle sépulcrale, qui en est isolée, est un des types les plus charmants de la sculpture du XVe siècle.

Dessins de M. E. Bœswillwald et photographies des parties restaurées sous la direction de cet architecte.

47. — **Ancienne cathédrale de Toul** (Meurthe-et-Moselle).

Cet édifice a été fondé au XIe siècle par saint Gérard, mais les constructions actuelles ne datent que du XIIIe siècle. Le chœur, les transepts et le cloître sont de cette époque; la nef appartient au XIVe siècle; la façade, remarquable par un grand luxe de sculptures d'ornements et de galeries ajourées, est du XVe siècle, ainsi que les tours. La chapelle de la Nativité et celle des évêques, construites dans le goût de la Renaissance, datent de 1565.

La cathédrale de Toul a été criblée de projectiles pendant le siége de la ville, en 1870, alors que les tours servaient de poste d'observation; la façade surtout a beaucoup souffert.

Photographies des parties restaurées sous la direction de M. E. Bœswillwald.
Dessins de la chapelle de la Nativité par M. P. Bœswillwald.

48. — **Église de Saint-Nicolas-de-Port** (Meurthe-et-Moselle).

Cet important édifice, dont la construction, commencée en 1481, selon quelques auteurs, en 1574 selon d'autres, fut achevée en 1544, a été élevé d'un seul jet avec matériaux de choix et appareillés avec grand soin. La disposition de son plan présente cette particularité qu'à partir du transept (lequel ne se voit qu'en élévation) toute la partie est du monument incline d'une manière prononcée et voulue vers le midi.

Les flèches en charpente, dont les tours de la façade principale étaient surmontées à l'origine, ont été détruites dans un grand incendie allumé par les Suédois en 1635, ainsi qu'une grande partie des belles verrières du XVIe siècle qui garnissaient les grandes fenêtres. Les graves dégâts causés par cet incendie n'ont été réparés que très-incomplétement par la commune, faute de ressources suffisantes.

Derrière la chapelle absidale nord, existe une chapelle de forme rectangulaire dont l'entrée est à l'extérieur et qui renferme un autel du XVIe siècle avec rétable en pierre finement travaillé.

Restauration dirigée par M. Matuszinski, architecte. — Photographies.

49. — **Église de Notre-Dame-de-l'Épine** (Marne).

Édifice du XVe siècle.

Photographies des parties restaurées sous la direction de M. Maurice Ouradou, architecte.

École bourguignonne.

Ses limites passent par Joigny, Cosne, Nevers, remontent la Loire jusqu'à Roanne, passent par Lyon, Belley, suivent le cours du Rhône jusqu'à Genève et Lausanne, de là vont chercher le cours de la Haute-Saône, passent à l'ouest de Belfort, à Remiremont, Épinal, Langres, Mussy-sur-Seine et Joigny.

Son influence s'étend : au nord, jusqu'à Sens, Bar-sur-Seine, Chaumont, Saint-Dié; à l'est, jusqu'à Épinal et Besançon, Nantua, Chambéry; à l'ouest, jusqu'à Moulins et Cosne-sur-Loire.

Pendant le XIIIe siècle, cette école conserve un caractère local, tout en adoptant le nouveau style de l'Ile de France.

50. — **Église de l'ancienne abbaye de Sainte-Madeleine, à Vézelay** (Yonne).

Grande église de l'ordre de Cluny; nef de la fin du XIe siècle; narthex fermé du XIIe siècle; chœur et transept de la fin du XIIe siècle. Quatre clochers autrefois. Cette église est à la tête de la grande école bourguignonne, qui, la première, fit des efforts pour allier la voûte au plan de la basilique antique.

Dessins de M. Viollet-le-Duc et photographies des parties restaurées sous la direction de cet architecte.

51. — **Église de l'ancienne abbaye de Saint-Philibert, à Tournus** (Saône-et-Loire).

Le narthex, la nef et les premiers étages des tours sont du XIe siècle; le transept et la crypte, du commencement du XIIe; le clocher, du XIIe siècle. Restes de peintures murales des XIIIe, XIVe et XVe siècles. Ce monument, qui a été fortifié au XIIIe siècle, offre, dans la nef et les collatéraux, des rapports qu'il est intéressant de signaler avec l'architecture romane de l'Auvergne et du Poitou.

Dessins de M. Questel et photographies des parties restaurées sous la direction de cet architecte.

52. — **Église de l'ancien prieuré de Paray-le-Monial** (Saône-et-Loire).

Le narthex appartient par son caractère à l'art du XIe siècle, ainsi que les deux tours qui le surmontent. Le reste de l'église, la nef avec les bas-côtés, les transepts, le chœur et les chapelles rayonnantes sont du XIIe siècle.

Située dans l'Autunois, l'église de Paray-le-Monial rappelle, par les détails de son ornementation, les édifices antiques. Dans les archivoltes, les tailloirs, les chapiteaux, on sent comme à Cluny, à Charlieu, à Semur-en-Brionnais, l'influence des portes d'Arroux, de Saint-André et d'autres monuments romains de la ville d'Autun.

Dessins de M. E. Millet et photographies des parties restaurées sous la direction de cet architecte.

53. — **Ancienne abbaye de Charlieu** (Loire).

De l'église bâtie aux XIe et XIIe siècles, il ne reste aujourd'hui que l'admirable portique, l'un des types les plus parfaits de l'architecture bourguignonne, une partie du cloître qui vient d'être restauré par M. Selmersheim, architecte, et quelques bâtiments occupés anciennement par le prieur qui servent aujourd'hui de presbytère.

Ces restes de l'abbaye de Charlieu appartiennent à l'État.

Dessin de M. Desjardins, architecte, et photographies.

54. — **Église de Saint-Laurent-en-Brionnais** (Saône-et-Loire).

Chœur et clocher du commencement du XIIe siècle, édifié, dit-on, par les moines de l'abbaye de Charlieu. Nef toute récente (1835) et sans caractère.

Photographies des parties restaurées sous la direction de M. Selmersheim, architecte.

55. — **Église de Semur-en-Brionnais** (Saône-et-Loire).

Fin du XIIe siècle, roman de transition. La coupole et les trois absides ont été recouvertes de mauvaises peintures à la fin du siècle dernier.

Dessins de M. Verdier, architecte.

56. — **Église de Montréal** (Yonne).

L'une des églises les plus pures comme style bourguignon de la fin du XIIe siècle. Cette église d'un seul jet est remarquable par sa grande unité et, quoique très-simple, par le style de ses profils et de ses sculptures. Elle n'a jamais eu de clocher, ni sur sa façade, ni sur son transept. Comme elle était comprise dans l'enceinte du château ducal, il est probable que les cloches étaient placées dans une tour voisine. La petite rose de la façade rappelle celle de la façade occidentale de Notre-Dame de Paris; ce sont les mêmes profils, le même caractère, la même simplicité dans les ornements. A l'intérieur, on remarque une tribune construite en même temps que l'église, qui est supportée par d'énormes consoles en encorbellements et par une seule colonne isolée placée dans l'axe derrière le trumeau de la porte; on ne connaît pas d'autre exemple en France d'une tribune ainsi construite, et de cette époque, aussi bien conservée.

Dessins de M. Viollet-le-Duc, architecte, qui a dirigé les travaux de restauration.

57. — **Église Notre-Dame, à Beaune** (Côte-d'Or) [Ancienne collégiale].

Cet édifice de la première moitié du XIIe siècle est un des dérivés de la cathédrale d'Autun; le porche, ajouté au XIIIe siècle, et les deux clochers élevés à la même époque sur les deux premières travées des bas-côtés, n'ont été achevés que de nos jours. La grosse tour carrée du transept et la coupole intérieure sont également du XIIIe siècle, ainsi que la partie haute des murs de la nef et du transept, qui furent surélevés pour pouvoir porter une charpente destinée à remplacer la couverture primitive posée à même sur les voûtes.

Au XIVe siècle, la poussée des voûtes nécessita la construction d'arcs-boutants; quelque temps après, probablement à la suite de l'incendie qui détruisit une grande partie de la ville, l'œuvre haute du chœur fut refaite à neuf.

Aux XVe, XVIe et XVIIe siècles, le monument eut encore à subir des modifications ou des additions. Il eut surtout beaucoup à souffrir à la fin du siècle dernier. Des travaux de restauration y ont été entrepris en 1860 par les soins de la Commission des Monuments historiques et exécutés par MM. Viollet-le-Duc et Ouradou, architectes.

Dessins de M. Viollet-le-Duc.

58. — **Église de l'ancien prieuré de Saint-Eusèbe, à Auxerre** (Yonne).

Monument du XIIe siècle, reconstruit en partie au XVIe, époque à laquelle la solidité du clocher fut gravement compromise. Cette partie de l'édifice, qui est assurément la plus intéressante, a été consolidée en 1868 par M. Lefort, architecte.

Dessins de M. Viollet-le-Duc et photographie des parties restaurées.

59. — **Église de Bourbonne-les-Bains** (Haute-Marne).

Nef et bas-côtés du XIIe siècle; abside rectangulaire et base du clocher du XIIIe siècle.

Photographies des parties restaurées sous la direction de M. de Baudot, architecte.

60. — **Église de Saint-Père-sous-Vézelay** (Yonne).

Édifice du XIIIe siècle, style bourguignon pur. Porche ouvert, refait en partie au XIVe siècle. Chœur de la fin du XVe siècle.

Dessin de M. Viollet-le-Duc, architecte, qui a exécuté les travaux de restauration les plus urgents, et photographie.

61. — **Ancienne cathédrale d'Auxerre** (Yonne) [Église Saint-Étienne].

Chœur du XIIIe siècle. Nef et façade du XIVe et du XVe.

Photographies des parties restaurées sous la direction de MM. Piéplu, architectes.

62. — **Église d'Appoigny** (Yonne).

Ancienne collégiale construite au XIIIe siècle par les mêmes artistes qui élevèrent la cathédrale d'Auxerre. Tour carrée du XVIe siècle. Jubé du XVIIe siècle.

Dessin de M. Paul Bœswillwald et photographies des parties en restauration sous la direction de cet architecte.

63. — **Église Notre-Dame, à Dijon** (Côte-d'Or).

Cet édifice, construit vers 1252 sur l'emplacement d'une chapelle du XIe siècle, dont il existe encore quelques fragments sous le porche, offre un modèle complet et fort curieux de l'architecture religieuse du XIIIe siècle. Il présente des dispositions exceptionnelles qui, par leurs combinaisons et leur légèreté, excitent l'admiration des constructeurs et des artistes et qui en font l'un des plus précieux monuments que nous possédions en France. Vauban en faisait le plus grand cas, ainsi que les architectes Blondel et Soufflot; ce dernier en avait même fait exécuter un modèle en bois.

Photographies des parties restaurées sous la direction de M. Laisné, architecte.

64. — **Église Notre-Dame, à Semur** (Côte-d'Or).

Cet édifice, qui offre un type de style bourguignon pur du XIIIe siècle, se distingue non-seulement par la légèreté et la grâce de son architecture, mais encore par le fini extraordinaire de tous ses détails; depuis la base jusqu'au sommet, elle est couverte de sculptures charmantes, qu'on peut mettre au rang de ce que le XIIIe siècle a produit de plus élégant.

L'église de Semur a beaucoup de points de ressemblance avec l'église Notre-Dame, à Dijon.

Dessin de M. Viollet-le-Duc, architecte, qui a dirigé les travaux de restauration.

65. — **Église de Thil-Chatel** (Côte-d'Or).

Édifice de la fin du XIIe siècle et du commencement du XIIIe.

Photographies des parties restaurées sous la direction de M. Maurice Ouradou, architecte.

École du Poitou.

Ses limites descendent le Cher, la Loire jusqu'au-dessus de Tours et suivent une ligne indécise de Tours aux côtes de la Vendée; puis, de la côte, se dirigent au-dessus de Surgères, à Melle, Charroux, remontent la Charente, la Vienne, passent au nord de Limoges, au sud de Bourganeuf, d'Aubusson et vont rejoindre le Cher.

Son influence s'étend: à l'ouest et au nord, jusqu'à Nantes, Cholet, Chinon, Tours, Saint-Genou, Salbris; à l'est, jusqu'à Nevers, Saint-Menoux, Montluçon; au sud, jusqu'à Ussel, Tulle et Brives.

66. — **Église de l'ancien prieuré de Saint-Désiré** (Allier).

Le chœur et le sanctuaire ont été élevés au Xe siècle par les moines de Saint-Michel de la Cluze en Savoie, au-dessus d'une crypte à trois nefs construite au VIIe siècle par les moines de Saint-Denis sur le tombeau de saint Désiré. Les autres parties de l'édifice ont été bâties pendant les XIe et XIIe siècles.

Photographies des parties restaurées sous la direction de M. D. Darcy, architecte.

67. — **Église de Neuvy-Saint-Sépulcre** (Indre).

Église circulaire du XIe siècle, bâtie à l'imitation du Saint-Sépulcre; nef accolée très-ancienne, mais rebâtie au XIIe siècle.

Dessins de M. Viollet-le-Duc, architecte, sous la direction duquel des travaux de restauration ont été exécutés (1848-1850).

68. — **Église de l'ancienne abbaye de Saint-Genou** (Indre).

Édifice du XIIe siècle, qui conserve à l'intérieur l'aspect d'une basilique antique. La nef a été détruite sous Louis XIV.

Travaux de restauration dirigés par M. D. Darcy, architecte.

Dessins de M. de Mérindol, architecte, et photographies des parties restaurées.

69. — **Église abbatiale de Fontgombault** (Indre).

Édifice du XIIe siècle.

La nef a été détruite en 1569, à l'époque des guerres de religion. Le chœur et le transept sont occupés aujourd'hui par des trappistes.

Dessins de M. de Mérindol, architecte.

70. — Église de Châtillon (Indre).

Ancienne collégiale fondée en 1066 par un seigneur nommé Wuide ou Guy. Les transepts et les trois absides datent de la fin du XIe siècle ou du commencement du XIIe; la nef paraît être du milieu du XIIe siècle. Au XVe siècle, une chapelle a été ajoutée sur la face nord. Le porche, qui devait être fort riche et dont il reste encore des amorces paraissant indiquer une construction du XIIIe siècle, a été détruit par les huguenots en 1562.

Photographies des parties restaurées sous la direction de M. de Mérindol, architecte.

71. — Église de Saint-Maixent (Deux-Sèvres).

Cet édifice construit au XIIe siècle n'a conservé de cette époque que les bas-côtés et la base du porche; la nef, le transept et le clocher placé primitivement au centre de l'église ont été détruits par un incendie pendant les guerres de religion. Le clocher qui surmonte aujourd'hui le porche date de la reconstruction de la nef, du transept et du chevet; les travaux, commencés vers 1580, ont été terminés en 1682, date à laquelle l'église fut consacrée par l'évêque de Poitiers, Hardouin Fortin de la Hoguette.

Photographies des parties restaurées sous la direction de M. Loué, architecte.

72. — Église de Maillezais (Vendée).

La construction de cet édifice, à en juger d'après son caractère d'architecture, doit remonter aux premières années du XIe siècle. Le beffroi qui surmonte la coupole et qui en compromet la solidité, tout en nuisant singulièrement à l'aspect du monument dans son ensemble, est une addition postérieure. Il n'existe pas en Poitou d'autre exemple d'église romane à une seule nef sans transept.

Photographies des parties restaurées sous la direction de M. Loué, architecte.

Poitou.

Époque de la Renaissance.

73. — Chapelle du château de Thouars (Deux-Sèvres).

Bâtie par Louis II, seigneur de la Trémoille, vicomte de Thouars, vers les premières années du XVIe siècle.

Dessins de M. Lisch et photographies des parties restaurées sous la direction de cet architecte.

74. — Chapelle de l'hospice de Menigoute (Deux-Sèvres).

Ce charmant petit édifice, érigé vers 1531, dépendait d'un hôpital qui fut fondé et doté par Jehan Boucard, seigneur de Forges, prêtre et trésorier de l'église collégiale Saint-Jehan de Menigoute. La façade principale a subi, vers la fin du XVIe siècle, des modifications qui, bien qu'assez importantes, n'ont pas altéré le caractère du monument.

Photographies des parties restaurées sous la direction de M. Loué, architecte.

École de la Saintonge.

Cette école a beaucoup de rapports avec celle du Poitou, mais cependant ne peut être confondue avec elle. Ses limites passent au nord de la Charente, de la Rochelle à Civray, Rochechouart, Angoulême, Montmoreau, traversent la rivière d'Isle, la Dordogne vers Libourne, la Garonne à Loupiac, et enveloppent le Médoc.

Son influence s'étend: au nord, jusqu'à Surgères, Melle, Charroux; au nord-est, jusqu'à Nontron; au sud, en remontant la Garonne, jusqu'au Mas-d'Agenais.

75. — **Église de Surgères** (Charente-Inférieure) [XIIe siècle].

Sa façade encore complète est très-remarquable par ses sculptures et surtout par les deux cavaliers situés à droite et à gauche au-dessus de la porte principale.

Dessin de M. Lisch, architecte.

76. — **Église de l'ancienne abbaye de Montmoreau** (Charente) [XIIe siècle].

Le clocher figure parmi les dérivés les plus éloignés du clocher de Saint-Front de Périgueux.

Dessins de M. Abadie, architecte.

77. — **Église de Saint-Michel-d'Entraigues** (Charente) [XIIe siècle].

Cet édifice présente en plan une disposition empruntée à l'Orient, mais tous les détails de son exécution appartiennent à l'art français dont il est une des productions les plus originales.

Dessins de M. Abadie, architecte, qui a dirigé la restauration du monument.

78. — **Église de Lesterps** (Charente).

Monument du XIIe siècle, agrandi au XIIIe siècle. Le chœur primitif fut détruit à cette époque pour le prolongement de la nef qui alors se termina par une abside avec bas-côtés, chapelles rayonnantes demi-circulaires et transepts. Le clocher, qui appartient au commencement du XIIe siècle, est d'une construction fort belle et bien pondérée. L'influence de l'école du Périgord se fait sentir dans cette bâtisse colossale et admirablement traitée.

Dessins de M. Abadie, architecte.

École du Périgord.

Ses limites suivent une ligne de Ribérac à Brantôme, passent à Saint-Yrieix, vont joindre la Vézère au-dessous de Brives, suivent le cours de cette rivière jusqu'à son embouchure, traversent la Dordogne sur ce point, se dirigent sur Aiguillon et suivent le cours de la Garonne.

Son influence s'étend: au nord, jusqu'à Angoulême, Limoges; à l'est, jusqu'à Tulle, Brives, Souillac, Cahors; au sud, jusqu'à Agen et aux rives de l'Adour.

79. — **Église de l'ancienne abbaye de Brantôme** (Dordogne) [XIe, XIIe et XIIIe siècles].

Clocher bâti vers le milieu du XIe siècle, sur le roc escarpé qui longe l'église; il est sans communication avec elle. Construction savante, bien calculée, dans laquelle tout indique une origine latine : le système de construction, l'appareil, la forme des arcs.

Dessins de M. Abadie, architecte, auquel on doit la restauration du monument (1844-1853).

80. — **Église de Saint-Yrieix** (Haute-Vienne).

Le porche et le clocher qui le surmonte datent du XIe siècle; la nef, les transepts, les chapelles et le chœur ont été élevés vers le milieu du XIIe siècle; l'abside appartient au XIVe siècle. A l'intérieur, les murs entre les piliers sont ornés d'une grande arcature que couronne une corniche à modillons. L'arcature du chœur est tout particulièrement remarquable par ses belles proportions et ses sculptures. L'extérieur du monument est traité très-simplement.

Photographies des parties restaurées sous la direction de M. Abadie, architecte.

81. — **Église de Bénévent** (Creuse).

Cette église dépendait d'une abbaye fondée au XIe siècle par Aubert, chanoine de Saint-Augustin, en l'honneur de saint Barthélemy dont les reliques avaient été rapportées d'Italie par un pèlerin d'Aquitaine. La première pierre fut posée en 1028 par Jordain, évêque de Limoges, qui, en souvenir du lieu d'où provenaient les reliques, donna au monastère le nom de Bénévent.

Photographies des parties restaurées sous la direction de M. Abadie, architecte.

82. — **Monument sépulcral, à Sarlat** (Dordogne).

Érigé en 1280; un des plus curieux édifices de ce genre.

Dessin de M. Abadie, architecte.

École auvergnate.

Ses limites remontent la Dordogne, un peu au-dessus de Souillac, à Orcival; de là, elles se dirigent sur Moulins, en passant par Ébreuil et Saint-Pourçain, remontent la Loire, de Decize au Puy, suivent le cours de la Trueyre, vont joindre Rodez et descendent l'Aveyron jusqu'à Villefranche.

Son influence s'étend: au nord, jusqu'à Nevers; à l'est, jusqu'aux rives du Rhône, ne dépassant pas l'Ardèche; au sud, jusqu'à Toulouse; à l'ouest, jusqu'à Agen et aux rives de la Vézère, Ussel, Néris, Bourbon-l'Archambault.

83. — **Église de Chatel-Montagne** (Allier).

Narthex magnifique ajouté quelques années après la construction du monument qui est du XIIe siècle. Collatéraux de la nef voûtés en quart de cercle. Le clocher, largement ouvert sur trois de ses faces, présente un mur plein sur sa face ouest, et se trouve ainsi garanti de la neige qui tombe abondamment dans le pays.

Dessins de M. Millet, architecte, et photographies des parties restaurées sous la direction de M. D. Darcy, architecte.

84. — **Église de Saint-Nectaire** (Puy-de-Dôme).

Style auvergnat pur des XIe et XIIe siècles. La nef a été remaniée au XIIe siècle. Les parties supérieures du clocher central et sa flèche ont été démolies à la fin du siècle dernier et reconstruites vers 1820. Les clochers de la façade occidentale sont modernes.

Dessins de M. Bruyerre et photographies des parties restaurées sous la direction de cet architecte.

(Voir la suite des relevés dans la section des Beaux-Arts, au Champ de Mars.)

85. — **Église de Saint-Saturnin** (Puy-de-Dôme).

Édifice du commencement du XIIe siècle, avec clocher de la même époque; c'est la seule église romane auvergnate dans laquelle l'arrangement du clocher sur la croisée ait conservé ses dispositions primitives. Cette église possède une crypte, mais n'a jamais eu de chapelles rayonnantes. On voit les restes d'un cloître au midi.

Photographies des parties restaurées sous la direction de M. Bruyerre.

(Voir les dessins de cet architecte dans la section des Beaux-Arts, au Champ de Mars.)

86. — **Église d'Ennezat** (Puy-de-Dôme).

Ancienne collégiale dont la nef appartient à la fin du XIe siècle, ainsi que les transepts. Le clocher octogonal élevé sur la croisée date du XIIe siècle; le chœur orné de quelques peintures curieuses appartient aux XIIIe et XIVe siècles; il paraît avoir été commencé sous l'influence de la cathédrale de Clermont, édifiée, comme on le sait, par un architecte de l'Ile de France, mais il a été achevé d'une façon misérable. Des traces de l'ancien chœur roman ont été retrouvées sous le dallage.

Photographies des parties restaurées sous la direction de M. Bruyerre, architecte.

87. — **Monument sépulcral, à Chambon** (Puy-de-Dôme).

Petit édifice du XIIe siècle, qui a été considéré, tantôt comme un baptistère, tantôt comme un monument sépulcral, mais qui a certainement servi de tombeau depuis le XIIe siècle, ainsi que des fouilles récentes l'ont fait voir.

Dessins de M. Bruyerre, architecte, auquel on doit la restauration du monument.

88. — **Ancienne abbaye de la Chaise-Dieu** (Haute-Loire).

L'église, qui date des XIVe et XVe siècles, se distingue par sa grandeur ($75^{m} \times 24^{m}$ dans œuvre), la sévérité de son architecture et son caractère d'église de monastère. Elle fut construite en grande partie aux frais du pape Clément VI, ancien moine de la Chaise-Dieu, dont le tombeau, surmonté d'une statue couchée en marbre blanc, se voit au milieu du chœur. La nef est partagée en deux parties par un jubé limitant le chœur des moines qui est encore décoré de 144 stalles en bois sculpté de la fin du XIVe siècle, adossées à une clôture sur laquelle est peinte une danse des morts. Au-dessus du dossier des stalles se trouve une magnifique litre en tapisserie représentant des scènes de l'Ancien et du Nouveau-Testament et portant les armes de J. de Senectaire (1491-1518).

Le cloître, qui date du XVe siècle, ne subsiste que sur deux des côtés du rectangle; il est surmonté de l'ancienne bibliothèque.

Photographies des parties restaurées sous la direction de M. Bruyerre, architecte.

89. — **Croix en lave, à Saint-Cirgues** (Puy-de-Dôme).

Cette croix de la fin du XVe siècle ou du commencement du XVIe paraît avoir été érigée aux frais de Thomas Bohier, seigneur de Saint-Cirgues, chambellan des rois Louis XI, Charles VIII et Louis XII, qui a fait élever les châteaux de Saint-Cirgues, en Auvergne, et de Chenonceaux, en Touraine.

Les armoiries qui existaient dans les écussons ont été mutilées; l'écusson supérieur contenait les armes de France; l'écusson inférieur contenait certainement les armes des Bohier, d'or au lion d'azur, au chef de gueules, dont les traces sont encore visibles.

Dessin au sixième de l'exécution par M. Bruyerre, architecte.

Auvergne. — Languedoc.

Époque ogivale.

90. — **Ancienne Chartreuse de Villefranche-de-Rouergue** (Aveyron).

Commencée en 1451 par les soins de Catherine Garnière, veuve de sir Vezian Valette, riche marchand de Villefranche. Les Chartreux, qui l'ont occupée dès 1491, en furent chassés par les huguenots en 1561; ils y rentrèrent en 1572 pour y demeurer jusqu'en 1790. Les religieuses de l'hôpital de Villefranche s'y établirent en 1792 et firent exécuter des remaniements regrettables au point de vue de l'art.

Les parties à remarquer sont le cloître, le porche de la chapelle qui est d'une disposition originale, la chaire de lecture du réfectoire, la porte et les stalles en bois sculpté de la chapelle. La sculpture d'ornement est très-soignée.

Dessins de M. P. Gout, architecte.

École languedocienne.

Ses limites remontent le Gers, s'étendent le long des Pyrénées et jusqu'en Aragon; au nord, elles suivent une ligne qui, au-dessus d'Agen, longe l'Aveyron jusqu'à Saint-Antonin, puis va joindre le Tarn à Albi, remonte cette rivière et suit le cours de l'Hérault.

Son influence, au nord, s'étend jusqu'à Montpezat, Vareins, Rodez, Marvejols, Mende; à l'est, elle passe quelque peu sur la rive gauche de l'Hérault; à l'ouest, elle se fait sentir jusqu'à Bayonne; au sud, jusqu'en Aragon.

91. — **Église de l'ancienne abbaye de Saint-Sernin, à Toulouse** (Haute-Garonne).

Édifice du XIIe siècle; le plus vaste du midi de la France. Clocher du XIIIe siècle. Façade inachevée. Nef rebâtie au XVe siècle, suivant les données primitives. Belle sculpture. Fragments importants d'un édifice plus ancien. Crypte rebâtie au XIVe siècle et mutilée depuis peu. Style auvergnat développé.

Dessins de M. Viollet-le-Duc et photographies des parties restaurées sous la direction de cet architecte.

92. — **Église de Saint-Gaudens** (Haute-Garonne).

Ancienne collégiale commencée à la fin du Xe siècle, achevée dans les premières années du XIIe siècle.

Le porche carré situé sous la tour est une des parties les plus remarquables de l'édifice. Pendant les guerres de religion, au XVIe siècle, la tour qui devait être fortifiée fut dérasée à une certaine hauteur; plus tard, elle fut remontée en mauvais matériaux. La salle capitulaire du XIVe siècle est le seul reste des bâtiments du chapitre qui ont été détruits ainsi que le cloître.

L'église de Saint-Gaudens, par son unité, son importance, la beauté de ses proportions, la pureté et la fermeté de son style, est l'un des plus beaux spécimens de l'architecture romane des vallées du vicomté de Béarn et de Comminges, au XIe siècle.

Dessins de feu Laval, architecte, et photographies des parties restaurées depuis 1873 sous la direction de M. Lafollye, architecte.

93. — **Église de l'ancienne abbaye de Conques** (Aveyron).

Grande église des XIe et XIIe siècles, dont le style rappelle beaucoup celui de l'église Saint-Sernin, à Toulouse.

Dessins de M. Formigé et photographies des parties restaurées sous la direction de cet architecte.

94. — **Église et cloître de l'ancienne abbaye de Moissac** (Tarn-et-Garonne).

Narthex du XIe siècle; porche du XIIe siècle; nef du XIVe siècle. Le porche, qui date de deux époques assez rapprochées l'une de l'autre, commencement et milieu du XIIe siècle, est l'un des plus remarquables de ceux élevés sous l'influence des deux écoles du Limousin et du Périgord. Sa structure est d'un grand intérêt pour l'histoire de l'art.

Le cloître se compose de fragments d'un monument du XIIe siècle reposés lors de la reconstruction des bâtiments claustraux, vers le commencement du XIIe siècle, quelques années avant l'époque où l'abbaye de Moissac se soumit à la règle de Cîteaux. C'est ce qui explique la richesse des sculptures des chapiteaux et piliers qui ne s'accordent pas avec la réforme que saint Benoît imposa aux constructions monastiques.

Dessins de M. Viollet-le-Duc, architecte, et photographie.

95. — **Ancienne église abbatiale de Saint-Martin du Canigou** (Pyrénées-Orientales).

Construite dans les premières années du XIe siècle. Clocher fortifié au-dessus de l'entrée de l'abbaye; crypte aussi vaste que la nef.

Dessins de M. Formigé, architecte.

96. — Ancienne abbaye d'Arles (Pyrénées-Orientales).

La façade de l'église date du XIe siècle; la nef du XIIe; les bas-côtés et les chapelles latérales du XVe; le cloître, construit en marbre blanc, date de la fin du XIIIe siècle. Une aile des bâtiments claustraux remaniée à la fin du XVe siècle présente un curieux spécimen de l'architecture hispano-française dont on trouve plusieurs autres exemples dans les Pyrénées-Orientales.

Dessins de M. Formigé, architecte.

Languedoc.

Epoque ogivale.

97. — Ancien couvent des Jacobins, à Toulouse (Haute-Garonne).

Un des plus beaux exemples de construction en briques au moyen âge.

L'église, bâtie vers la fin du XIIIe siècle, présente une disposition remarquable; elle se compose d'un seul vaisseau divisé en deux nefs par une rangée de longues colonnes posées sur l'axe de ce vaisseau. À l'origine, elle était complétement dépourvue de chapelles; celles des nefs comme celles du rond-point ne furent élevées que pendant les XIVe et XVe siècles. L'intérieur était décoré de très-belles peintures, aujourd'hui en partie détruites.

Le monastère des Jacobins de Toulouse a été, pendant longtemps, occupé par un quartier d'artillerie et a eu beaucoup à souffrir de cette occupation.

Dessins de M. Viollet-le-Duc, architecte.

98. — Église Saint-Nazaire, à Carcassonne (Aude) [Ancienne cathédrale].

L'un des plus remarquables édifices du midi de la France; la nef date de la fin du XIe siècle (1096); le chœur, le transept et ses chapelles élevées au commencement du XIVe siècle sont un spécimen de la plus élégante architecture de cette époque. Magnifiques vitraux du XIVe siècle. Restes de peintures de la même époque.

Photographies des parties restaurées sous la direction de M. Viollet-le-Duc, architecte, et du tombeau de Radulph.

École provençale.

Ses limites suivent une ligne qui, de Vienne, se dirige sur Privas, Uzès, Alais, Montpellier, d'une part, et, de l'autre, va joindre le Rhône à Vienne, passe par Saint-Chef, de là, descend le long de la vallée du Rhône, franchit la Drôme, joint la Durance à Sisteron et se dirige sur Fréjus par Digne.

Son influence s'étend: au nord, jusqu'à Lyon; à l'ouest, jusqu'aux sources de la Loire et de l'Allier, pour se diriger en ligne droite jusqu'à Béziers; à l'est, jusqu'à Grenoble, Gap et le bas Var.

99. — Église de Saint-Gabriel (Bouches-du-Rhône).

Construction du IXe siècle, remarquable par ses détails copiés sur les monuments romains du Bas-Empire, œuvre des maîtres ès pierres PONCIVS et VGO, artistes carolins, constructeurs de nombreux édifices religieux dans la Provence, le Comtat et le Dauphiné.

Les appareils des murs et des voûtes sont couverts de nombreux sigles, de pointillés de tout genre et de tailles en fougère.

Dessins de M. Révoil, architecte.

100. — Église de Bourg-Saint-Andéol (Ardèche).

Cette église, dont la construction est attribuée au XIe siècle, offre un très-grand intérêt par les détails de son architecture. Une abside existait autrefois sur la façade ouest, regardant celle du chœur. Cette particularité, qui appartient aux églises romanes des bords du Rhin, se reproduisait dans cette contrée de la France, car on la retrouve à l'église de la Garde-Adhémar, située à quelques kilomètres, de l'autre côté du Rhône.

Le caractère du monument a été gravement altéré à l'intérieur par des travaux exécutés sans autorisation, il y a quelques années.

Dessins de M. Révoil, architecte, qui dirige les travaux de restauration.

101. — Église de Cruas (Ardèche).

La première travée et le clocher appartiennent au XIIe siècle; les autres parties datent de Louis le Débonnaire qui en ordonna la construction. Sous le transept et les trois absides se trouve une crypte des plus curieuses et très-bien conservée de l'époque mérovingienne. Sous la nef, autre crypte ornée de chapiteaux variés bâtie à la fin de l'époque carolienne pour exhausser le sol de l'église et placer son nouveau pavé à l'abri des inondations. Dans le chœur, pavé mosaïque de la fin du XIe siècle représentant Hélie et Hénoc.

Par sa coupole surmontée d'une lanterne ornée de petites arcatures, ainsi que toutes ses faces extérieures, cet édifice rappelle les églises des bords du Rhin

Photographies des parties restaurées sous la direction de M. Révoil, architecte.

102. — Église et cloître de Vaison (Vaucluse).

Les absides appartiennent à la fin de l'époque mérovingienne; la nef et les collatéraux doivent avoir été construits au milieu du IXe siècle. En 910, l'évêque de Vaison Humbert fit restaurer l'église; on lui attribue également la construction du cloître et la célèbre inscription OBSECRO VOS, FRATRES... sculptée en grands caractères au-dessous de la frise de la façade latérale nord de la grande nef.

M. Révoil a découvert en plusieurs endroits la signature du maître ès pierres VGO qu'il avait déjà trouvée sur les murs de l'église de Saint-Restitut (Drôme), de la crypte d'Apt (Vaucluse), de la chapelle de Saint-Gabriel (Bouches-du-Rhône) et de plusieurs autres monuments du midi de la France.

Photographies des parties restaurées sous la direction de cet architecte.

103. — Église du Thor (Vaucluse).

Parmi les églises méridionales à une seule nef, l'église du Thor est l'un des plus intéressants et des plus riches spécimens de notre architecture religieuse du XIIe siècle.

Photographies des parties restaurées sous la direction de M. Révoil, architecte.

104. — Chapelle du pont Saint-Benezet, à Avignon (Vaucluse).

La construction de la chapelle est antérieure de près de deux siècles à celle du gigantesque pont Saint-Benezet. Bâtie sur une pile dont les assises portent des caractères caroliens, elle était primitivement réunie au rivage par un pont à deux arches dont les traces se voient dans cette pile, ainsi que dans les maçonneries modernes du quai qui lui fait face.

Lorsque Benezet vint jeter les arches du nouveau pont en s'appuyant sur le massif qui portait le petit sanctuaire, l'édicule se composait d'une nef à une seule travée carrée, que surmontait une voûte en berceau ogival arrêtée, du côté de la façade et du côté de l'abside, par deux arcs doubleaux reposant à droite et à gauche sur des colonnes cantonnées; ses faces latérales étaient ornées d'arcades plein-cintre; son abside restée intacte affecte en plan la forme d'une mitre comme l'avant-bec de la pile et est ornée d'arcatures avec archivoltes d'ordonnance antique. Le mur qui terminait la nef au-dessus de l'arc triomphal de l'abside a été démoli à la fin du XVe siècle, époque à laquelle fut élevée une seconde abside au-dessus de la première.

Photographies de la chapelle dont la restauration, dirigée par M. Révoil, est très-importante au point de vue archéologique.

105. — Ancienne église abbatiale de Saint-Gilles (Gard).

La construction de cet édifice a été commencée en 1116.

Le chœur, le transept et le portail appartiennent sans aucun doute à la deuxième moitié du XIIe siècle, pendant laquelle le style byzantin atteignit son plus haut degré de perfection.

Il ne reste aujourd'hui de l'œuvre du XIIe siècle que la portion du transept gauche où se trouve la fameuse *vis*, et l'admirable portail occidental dont la sculpture, due au ciseau de maître BRVNVS (*Signature découverte par M. Révoil*), présente un des exemples les plus complets de l'école des statuaires de cette époque en Provence.

La crypte, des plus curieuses, est, en partie du moins, antérieure à la fondation de l'église.

Dessin de M. Questel, architecte, et photographie.

106. — Église des Saintes-Maries (Bouches-du-Rhône).

Cette église, dont la construction doit remonter au commencement du XIIe siècle, est fortifiée ; mais les créneaux et mâchicoulis qui la couronnent appartiennent à une époque postérieure. Elle est terminée par une abside ornée des plus élégants chapiteaux, dont quelques-uns reproduisent exactement des types du cloître de Saint-Trophime, à Arles, et paraissent être l'œuvre des mêmes artistes.

Sous l'abside se trouve une crypte, premier asile des Saintes-Maries, d'après la tradition; sur cette abside, s'élève une chapelle haute où sont déposées leurs reliques. Ces trois sanctuaires superposés offrent une disposition particulière et des plus intéressantes.

Dessins de M. Questel, architecte.

107. — Ancienne abbaye du Thoronet (Var).

L'église et le cloître, construits en pierre dure avant la fin du XIIe siècle, se font remarquer par une extrême simplicité. Leur plan est presque le même que celui des abbayes de Silvacane et de Senanque, qui appartenaient également aux Cisterciens.

La salle capitulaire et le lavabo, sorte de pavillon en saillie dans le préau du cloître, sont les particularités les plus intéressantes de l'abbaye du Thoronet dont les ruines sont devenues propriété départementale.

Divers travaux de consolidation se font en ce moment sous la direction de M. Révoil, architecte.

Dessins de M. Questel, architecte.

108. — Église de Saint-Restitut (Drôme).

Ce monument, l'un des plus curieux du midi de la France, offre des spécimens des architectures mérovingienne, carlovingienne et du XIIe siècle. Il se compose d'une sorte de construction carrée, œuvre de la fin du VIIIe siècle, ornée à l'extérieur d'une frise des plus curieuses, représentant le Christ dans sa partie centrale et des sujets de chasse. Au IXe siècle, VGO, le maître ès pierre de nombreux édifices méridionaux, surmonta cette construction d'une coupole, et vint y accoler une nef semblable à celle de Notre-Dame-des-Doms d'Avignon; puis, au XIIe siècle, on restaura la partie supérieure des voûtes et de l'abside détruites sans doute par les Sarrasins.

Un porche rappelant l'ordonnance architecturale de la chapelle de Saint-Gabriel forme l'entrée de cette église, dont la restauration est actuellement dirigée par M. Révoil.

Dessins de M. Questel, architecte.

109. — Campanile de l'ancienne cathédrale d'Uzès (Gard).

Ce clocher est une des plus élégantes tours rondes du XIIe siècle. Il y a dans son ordonnance architecturale une sorte de ressemblance avec les tours italiennes, celle de Pise principalement.

Dessin de feu Laval, architecte, qui a consolidé ce monument, enchâssé depuis, en dehors de toute autorisation administrative, dans une façade moderne sans caractère.

110. — Cloître de l'ancienne abbaye de Montmajour, à Arles (Bouches-du-Rhône).

Ce cloître date du XIIe siècle, ainsi qu'une partie de l'église à laquelle il se rattache. Son ordonnance architecturale, malgré sa simplicité, est des plus remarquables. La sculpture des chapiteaux des colonnes est de deux époques : les uns, dont l'ornementation est simple, mais d'une belle exécution, remontent à la fondation du cloître ; les autres, représentant divers sujets tirés de l'Évangile, sont du XIVe siècle.

Dessins de M. Révoil, architecte.

111. — Cloître de l'ancienne cathédrale d'Agde (Hérault).

Ce cloître paraît avoir été construit vers la fin du XIIe siècle, postérieurement à la cathédrale dont il dépendait. Sans avoir la distinction des cloîtres de Fontfroide et de Valmagne, il frappe l'attention par son grand appareil de laves noires, ses profils sévères, ses sculptures sobres et aussi fines que le permettait la qualité de la pierre.

Dessin de feu Laval, architecte.

112. — Ancienne cathédrale de Vienne (Isère).

La première pierre de cet édifice fut posée en 1052, par l'archevêque Leodgard, mais la construction ne fut achevée qu'en 1533. Les travaux, souvent interrompus, ont été continués d'après le plan primitif auquel les différents maîtres de l'œuvre, Ginet de l'Arche, Pierre Morodi et autres, eurent la sagesse de n'apporter aucun changement notable.

Divers travaux de consolidation ont été exécutés de nos jours sous la direction de MM. Questel et Laisné, architectes.

Photographie.

Provence.

Epoque ogivale.

113. — Église de Saint-Maximin (Var).

Commencé dans les dernières années du XIIIe siècle par Charles II, roi de Sicile et comte de Provence, cet édifice ne fut achevé que vers la fin du XVe siècle. On voit dans le chœur 94 stalles d'un travail très-remarquable qui datent de 1692 et dont les boiseries sont ornées de 22 médaillons représentant la vie de saint Dominique. Les sarcophages de saint Maximin et de sainte Madeleine sont renfermés dans une petite crypte.

Photographies des parties restaurées sous la direction de M. Révoil, architecte.

Écoles mixtes.

Périgord-Auvergne-Languedoc.

114. — Église de l'ancienne abbaye d'Aubazine (Corrèze).

Cette église, construite au XIIe siècle, est remarquable surtout par son plan, qui présente la disposition assez rare de six chapelles orientées donnant sur le transept.

Au XVIIIe siècle, la nef a été réduite de près de moitié. Dans le bras droit du transept se trouve le tombeau de saint Étienne, fondateur de l'abbaye, l'une des œuvres les plus remarquables du XIIIe siècle.

Dessins de M. Abadie architecte; photographies du tombeau de saint Etienne et des parties restaurées sous la direction de M. A. de Baudot, architecte.

115. — Église Saint-Martin, à Brives (Corrèze).

Transept et chœur style auvergnat du XIIe siècle, nef du XIIIe siècle accusant dans la sculpture un caractère particulier qui dénote une influence de l'art arabe, particularité que l'on remarque également dans plusieurs autres monuments de la Corrèze, mais dont l'église de Brives offre l'exemple le plus remarquable.

Photographies des parties restaurées sous la direction de M. A. de Baudot, architecte.

Languedoc-Auvergne.

116. — **Église d'Arnac-Pompadour** (Corrèze).

Chœur du XIe siècle, remarquable par la disposition et le tracé ingénieux des chapelles absidales. Nef du XIIIe siècle.

Photographies des parties restaurées sous la direction de M. A. de Baudot, architecte.

Auvergne-Périgord.

117. — **Église du Dorat** (Haute-Vienne).

Monument en granit, participant de l'art auvergnat par ses voûtes en berceau et de l'art du Périgord par ses coupoles. Construit au XIe siècle, il a été consacré en 1075 et achevé au XIIe siècle. La tour centrale paraît appartenir au XIIIe siècle.

Photographies des parties restaurées sous la direction de M. Ruprich-Robert, architecte.

Poitou-Auvergne.

118. — **Église de la Souterraine** (Creuse).

Cette église est construite entièrement en pierre granitique. On y remarque une vaste crypte, qui paraît être du XIIIe siècle dans la partie située sous le chœur et sous le transept, et qui est d'une époque antérieure dans la partie située sous la nef. La première travée de la nef couverte par une coupole que surmonte le clocher appartient au XIe ou au XIIe siècle; la seconde travée couverte par une voûte en berceau et les piliers de celles qui suivent jusqu'au transept sont de la même époque. Le premier étage du clocher placé sur le portail occidental est du XIIe siècle; les deuxième et troisième étages sont de date plus récente. Le chœur date du XIIIe siècle.

L'église de la Souterraine est un des exemples les plus remarquables de ce style mixte qui commence vers Châteauroux, suit la route de Limoges et s'étend jusque dans la Corrèze.

Photographies des parties restaurées sous la direction de M. Abadie, architecte.

119. — **Église de Souvigny** (Allier).

Ancienne abbaye de l'ordre de Cluny, fondée au XIe siècle, agrandie au XIIe et remaniée considérablement au XVe; chapelles funéraires des ducs Louis II et Charles Ier de Bourbon, datant de 1376 et de 1440, entourées de riches clôtures en pierre; belle armoire en pierre du XVe siècle; vaste sacristie voûtée de la fin du XVIIIe siècle. Le prieuré reconstruit à cette époque a conservé des restes d'une salle capitulaire du XIIIe siècle et une partie du cloître du XVe.

Photographies des parties restaurées sous la direction de M. Selmersheim, architecte.

Poitou-Mayenne.

120. — **Église de l'ancienne abbaye de Saint-Benoist-sur-Loire** (Loiret).

Remarquable édifice du XIe siècle, modifié dans quelques-unes de ses dispositions aux XVe et XVIIe siècles. Les parties hautes des trois travées vers le porche et toutes les voûtes de la nef appartiennent à l'art du XIIIe siècle.

Les travaux de restauration, commencés en 1835, ont été dirigés successivement par feu Delton et par MM. Millet et Lisch, architectes.

Photographies des parties restaurées.

Bourgogne-Auvergne.

121. — Église de Châteauneuf (Saône-et-Loire).

Cet édifice a été construit d'un seul jet au XIIe siècle; quelques modifications ont été faites à l'intérieur, dans le cours du XVe siècle, à la suite d'un incendie.

Par son style architectural, il rappelle à la fois les monuments d'Autun et de Clermont-Ferrand, offrant un exemple assez rare de fusion entre l'école bourguignonne et celle de l'Auvergne. L'étage ajouré du clocher présente, sur chaque face, des piliers intermédiaires formés de colonnettes isolées qui donnent une grande élégance à cette construction.

Dessins de M. E. Millet, architecte, qui a dirigé la restauration du monument.

Bourgogne-Auvergne-Provence.

122. — Église de l'ancienne abbaye de Saint-Martin-d'Ainay, à Lyon (Rhône).

Petite église dont quelques parties datent du IXe siècle. Clocher du XIe siècle. Abside de la même époque sans collatéral, appartenant au style auvergnat.

Cet édifice a subi beaucoup de remaniements.

Dessins de M. Questel et photographies des parties restaurées sous la direction de cet architecte.

École picarde.

Cette école, peu caractérisée, suit le cours de la Somme, s'étend dans les Flandres, au nord; se fait sentir, au sud, jusqu'à Beauvais, puis jusqu'aux rives de l'Aisne vers Rethel; on en trouve des traces sur la Meuse au-dessous de Mézières.

123. — Église de Lillers (Pas-de-Calais).

Cet édifice date de 1043; mais les parties existantes sont du XIIe siècle, sauf les bas-côtés reconstruits aux XVe et XVIIIe siècles, les voûtes de la grande nef refaites au XVIIIe siècle et l'énorme tour élevée sur le transept en 1821.

L'église de Lillers est le seul monument du XIe siècle qui n'ait pas été détruit au milieu des guerres qui ont désolé la Picardie pendant le moyen âge.

Dessins de M. E. Danjoy, architecte.

124. — Église Notre-Dame, à Saint-Omer (Pas-de-Calais).

Ancienne cathédrale commencée au XIIe siècle sur les ruines d'une église antérieure et terminée au XVIe siècle. La chapelle du transept nord date de la première moitié du XIIe siècle; l'abside et la salle du trésor sont de la fin du même siècle. Les transepts ont été construits dans la première moitié du XIIIe siècle, ainsi que les chapelles absidales, sauf la chapelle de la Vierge; la nef a été élevée à la fin du même siècle. Les chapelles du bas-côté nord de la nef sont du XIVe siècle; celles du bas-côté sud sont du XVe siècle, ainsi que la chapelle de la Vierge, la façade principale et le clocher. A cette même époque, les arcs des fenêtres hautes de la nef, des transepts et de l'abside ont été refaits.

Photographies des parties restaurées sous la direction de M. D. Darcy, architecte.

École normande.

Ses limites suivent la rive gauche de la Seine, d'Évreux jusqu'à Rouen; de là, elles se dirigent au nord sur la côte. D'Évreux, elles remontent l'Iton, descendent la Sarthe jusqu'à Alençon, passent par Domfront, Vire, Avranches et la baie du Mont-Saint-Michel.

Son influence se fait sentir : au nord, jusqu'à Dieppe; au sud, jusqu'à Chartres, Nogent-le-Rotrou, Mamers; à l'est, jusqu'à Mortain, Dol et Dinan.

Pendant le XIIIe siècle, cette école conserve un caractère local, tout en adoptant le nouveau style.

125. — Église Saint-Étienne, à Caen (Calvados).

Église de l'ancienne abbaye aux hommes, fondée par Guillaume le Conquérant et achevée en 1077 par son conseiller Lanfranc qui fut le premier abbé. Au XIIe siècle, les charpentes furent remplacées par des voûtes en maçonnerie. Le chœur reconstruit en entier date du XIIIe siècle, ainsi que les flèches des clochers.

Photographies des parties restaurées depuis 1874 sous la direction de M. Ruprich-Robert, architecte.

126. — Église de la Trinité, à Caen (Calvados) [Ancienne abbaye aux dames].

Cet édifice, fondé en 1062 par Mathilde, femme de Guillaume le Conquérant, a subi d'importants remaniements et même des reconstructions partielles, à différentes époques. Les parties primitives qu'on peut regarder comme contemporaines de Mathilde sont la crypte, la tour centrale jusqu'aux combles de l'église, le bas des des clochers et des murs des transepts et les murs latéraux de la nef; la deuxième époque comprendrait les piliers de la nef et la partie supérieure des tours; la troisième, une partie des murs des transepts (*triforium* aveugle) et le chœur; enfin, la quatrième, les murs de la nef, à partir des arcs donnant dans les bas-côtés, les voûtes au-dessus, celles des transepts, ainsi que les colonnes engagées qui les supportent, et la zone correspondante du clérestory.

L'église de Mathilde, aussi bien que celle de la deuxième époque, toutes deux antérieures au XIIe siècle, étaient couvertes par une charpente apparente qui a été brûlée; la tour centrale porte encore des traces irrécusables de l'incendie. Au XIIe siècle, lorsque la nef fut couverte par des voûtes, on imagina, pour neutraliser la poussée de ces dernières : 1° de poser en porte à faux, de quelques centimètres à l'intérieur, la partie supérieure du mur de la nef, dans la hauteur du clérestory; 2° d'établir des arcs-boutants destinés en même temps à remplacer les fermes de la charpente des bas-côtés.

Dessins de M. Ruprich-Robert et photographies des parties restaurées sous la direction de cet architecte.

127. — Église de Secqueville-en-Bessin (Calvados).

Ce monument, construit au XIe siècle et incendié en 1105, dit Robert Wace, par les troupes d'Henri Ier, roi d'Angleterre, qui en chassèrent les troupes de Robert Fitz-Hamon, est un des types les plus caractéristiques de l'art contemporain de Guillaume le Conquérant dont il reste peu d'exemples en Normandie. La flèche date du XIIIe siècle.

Dessins de M. Ruprich-Robert, architecte.

128. — Église de Saint-Loup-Hors-Bayeux (Calvados).

Clocher du XIIe siècle, avec flèche en pierre de section quadrangulaire. L'abside carrée date du XIIIe siècle.

Dessins de M. de Baudot, architecte.

129. — **Église d'Ouistreham** (Calvados).

Nef du XIIe siècle. Chœur et clocher du XIIIe siècle.

Malgré le mélange du plein cintre et de l'ogive, les moulures et la sculpture du chœur n'ont plus rien de commun avec le caractère roman.

Dessins de M. Ruprich-Robert, architecte, qui dirige la restauration du monument.

130. — **Église de Saint-Contest** (Calvados).

La tour et les murs du chœur datent de la fin du XIIe siècle; les voûtes du chœur sont du commencement du XIIIe siècle. La nef paraît avoir été construite à la fin du même siècle; ses murs sont d'aplomb, quoique les entraits de la charpente apparente aient été coupés au siècle dernier.

Photographies des parties restaurées sous la direction de M. Auvray, architecte.

131. — **Église Saint-Pierre, à Lisieux** (Calvados).

Ancienne cathédrale datant de la fin du XIIe siècle et du commencement du XIIIe. La chapelle de la Vierge a été élevée au XVe siècle par Jean Cauchon, évêque de Lisieux, en expiation de la mort de Jeanne d'Arc. Les deux dernières chapelles du collatéral sud près du transept, qui sont de construction moderne et sans valeur, occupent une partie de l'emplacement de l'ancienne salle capitulaire. Dans les transepts, on remarque plusieurs tombeaux, dont un du XIIIe siècle qui est d'une belle exécution. Les stalles à double rang du XIVe siècle sont très-intéressantes quoique très-mutilées.

Photographies des parties restaurées sous la direction de M. E. Millet, architecte.

132. — **Chapelle du séminaire de Bayeux** (Calvados).

Abside carrée du XIIIe siècle dont la disposition a été copiée par l'architecte de l'église de Tour, dans le même département.

Dessins de M. A. de Baudot, architecte.

133. — **Église de Tour** (Calvados).

Clocher du XIIIe siècle. Abside de la fin du XIVe siècle, dont la disposition est imitée de l'abside de la chapelle du séminaire de Bayeux, qui date du siècle précédent.

Dessin de M. A. de Baudot et photographie du clocher restauré par cet architecte.

134. — **Église de Langrune** (Calvados).

La nef paraît appartenir à la première moitié et le chœur à la fin du XIIIe siècle. Le porche voûté en pierre qui précède le portail occidental date également du XIIIe siècle, ainsi que la partie inférieure de la tour, dont le second étage et la pyramide à jour ne paraissent pas antérieurs au XIVe siècle.

Dessin de M. de la Rocque, architecte.

135. — **Église Saint-Pierre, à Caen** (Calvados).

Les parties les plus anciennes de cet édifice, tel qu'il apparaît aujourd'hui, ne remontent pas au delà du XIIe siècle, mais, dans les maçonneries de cette époque, on trouve de nombreux matériaux portant les tailles des XIe et XIIe siècles. Le chœur date de la fin du XIIIe siècle; la tour commencée vers la même époque a été termiée au commencement du XIVe siècle; la construction de la nef actuelle a suivi de près. Au XVe siècle, le caractère général de l'édifice fut complétement modifié. Les chapelles absidales, les voûtes du chœur et la balustrade du chevet de l'église ont été construites au XVIe siècle par Hector Sohier.

Photographies des parties restaurées sous la direction de M. Auvray, architecte.

136. — **Église de l'ancienne abbaye d'Eu** (Seine-Inférieure).

Chœur de la fin du XIIe siècle, remanié complétement au XVe siècle. — Nef du XIIIe siècle. — Crypte. — Style français dans le chœur et les transepts. — Style normand dans la nef.

Dessins de M. Viollet-le-Duc et photographies des parties restaurées sous la direction de cet architecte.

Normandie.

Époque ogivale.

137. — Église Saint-Vincent, à Rouen (Seine-Inférieure).

Cet édifice, qui présente dans son ensemble une certaine unité de style, n'a pas été construit d'un seul jet. La nef et le joli porche de la façade occidentale ont été édifiés dans la seconde moitié du XVe siècle; le chœur a été construit ensuite sur les plans de Guillaume Touchet, «maistre de l'œuvre de la machonnerie», de 1511 à 1530. Le portail méridional dont les parties hautes sont restées inachevées est du même architecte. Le clocher en pierre qui date de 1669 et le double bas-côté, terminés au XVIIIe siècle seulement, ont été construits dans le caractère des parties anciennes.

On remarque dans l'église Saint-Vincent de belles verrières du XVIe siècle et des bancs en riche menuiserie de la même époque qui décorent plusieurs chapelles.

Photographies des parties dont la restauration est dirigée par M. Sauvageot, architecte.

138. — Église Saint-Jacques, à Dieppe (Seine-Inférieure).

La nef, l'un des bas-côtés et les transepts datent du XIVe siècle. L'autre bas-côté, la tour occidentale et le chœur sont du XVe siècle. Les parties hautes de l'abside et les chapelles rayonnantes entourant le chœur n'ont été élevées qu'au commencement du XVIe siècle. Le dôme carré en charpente couverte d'ardoise qui s'élève sur la croisée a été construit au XVIIe siècle. La chapelle Ango, érigée en 1535 aux frais du célèbre armateur de ce nom, est particulièrement riche en belles sculptures; on y remarque un superbe autel avec rétable monumental en pierre ayant conservé des traces importantes de dorure et de peinture qui constitue une des plus splendides compositions de la renaissance normande.

Les travaux de restauration, dirigés avant 1873 par feu Lance, architecte, se continuent sous la direction de M. Sauvageot, architecte, depuis 1875.

Photographies des parties restaurées.

139. — Jubé de l'église de l'ancienne abbaye de Fécamp (Seine-Inférieure).

Œuvre remarquable de la fin du XIVe siècle, qui fermait autrefois le chœur des religieux bénédictins et qui a été détruite en 1804 ou 1805. Les fragments retrouvés en grand nombre dans les murs d'une maison de Fécamp, dans les jardins et dans les caves d'un industriel de la même ville, et les arrachements restés aux piliers de l'église ont permis à M. L. Sauvageot de reconstituer avec certitude les dispositions si originales et sans précédents connus de cet admirable jubé.

Dessins de M. L. Sauvageot, architecte.

Normandie.

Époque de la Renaissance.

140. — Église de la Ferté-Bernard (Sarthe).

Édifice du XVIe siècle, dans lequel les traditions gothiques sont conservées sous une nouvelle forme.

Dessins de feu Mangnin, architecte.

141. — Église de Tillières (Eure). **Plafond du chœur.**

Le chevet de cette église a été construit vers le milieu du XVIe siècle, aux frais de la famille des Leveneur, comtes de Tillières. La date de 1543 est gravée sur l'un des cartouches du tympan de l'arc doubleau qui sert comme de frontispice au plafond; celle de 1546 se lit au-dessus de l'un des écussons, dans les panneaux qui recouvrent le polygone de l'abside.

Dessin de feu Lambert, architecte.

Bretagne.

Cette contrée ne paraît pas, au XIIe siècle, posséder une école particulière. Son architecture subit alors les influences du Poitou et de la Normandie.

142. — **Église Saint-Sauveur, à Dinan** (Côtes-du-Nord).

Édifice du XIIe siècle, reconstruit en partie au XVe siècle, ayant le caractère de l'architecture du Midi. Il ne reste plus de la première époque que la façade principale et la façade latérale sud.

Dessins de M. Ruprich-Robert, architecte, qui dirige la restauration du monument, et photographies des parties restaurées.

143. — **Jubé dans l'église du Faouet** (Morbihan).

Tribune sculptée en bois, suspendue entre la nef et le chœur et complétement peinte. L'inscription suivante nous donne la date de l'ouvrage (1480) et le nom du sculpteur: «L'an Mil IIIIcc IIIIxx fut fait cete scupure p Ohn (Jean) le lougaou..... »

Dessin de feu Lambert, architecte.

144. — **Calvaires de Pleyben, de Plougastel-Daoulas, de Saint-Venec, de Saint-Thégonnec et de Quilinen** (Finistère).

Le calvaire de Pleyben a été bâti à la fin du XVIe siècle ou au commencement du XVIIe, comme la plupart des calvaires qu'on voit en Bretagne. Une date (1650) sur le contrefort nord-est paraît indiquer l'époque de l'exécution de la sculpture plutôt que celle de la construction du calvaire, dont les détails architectoniques se rapprochent beaucoup de ceux du beau clocher élevé en 1588 sur la façade latérale sud de l'église de Pleyben. Les nombreuses figures qui ornent le calvaire sont taillées dans du granit noir de Kersaint, près Brest; elles sont indépendantes de la construction qui est en granit gris de Quimper.

Le calvaire de Plougastel a été élevé en 1602 dans le cimetière par le seigneur du lieu, en accomplissement d'un vœu.

Le calvaire de Saint-Thégonnec porte la date de 1610.

Dessins de M. Corroyer, architecte, qui a restauré le calvaire de Pleyben en 1873.

École angevine.

Les limites de cette école sont mal définies ; au nord, elles vont du Mans à Mayenne et à Fougères, suivent ensuite le cours de la Vilaine, remontent la Loire, traversent ce fleuve vers Nantes, comprennent Chemillé, Saumur, passent à Tours, englobent Blois, pour remonter, à l'est, de Meung à Nogent-le-Rotrou.

Son influence s'étend: à l'est, jusqu'à Chartres, Châteaudun, Beaugency; au sud, le long des bords de la Loire, en s'éloignant vers Cholet ; à l'ouest, elle s'éteint en Bretagne, et, au nord, se fond avec l'école normande, entre Avranches, Alençon et Mortagne.

145. — **Église Notre-Dame-du-Pré, au Mans** (Sarthe).

Nef du XIe siècle, remontée et voûtée au XIVe siècle sous l'ancienne charpente qui la couvrait.

Chœur du XIIIe siècle. Style mixte français-normand.

Photographies des parties restaurées sous la direction de M. D. Darcy, architecte.

146. — **Église de Vivoin** (Sarthe).

Ce monument, élevé au XIIIe siècle, a conservé quelques traces de constructions plus anciennes, notamment dans le transept sud. On remarque de charmantes piscines dans le chœur et dans les chapelles latérales, ainsi que des fragments de peintures murales et d'un dallage en carreaux émaillés. La nef est couverte par une charpente lambrissée ; les bras de croix et les trois absides sont voûtés en pierre.

L'église de Vivoin dépendait d'un prieuré qui était occupé par des moines de l'abbaye de Marmoutiers, en Touraine.

Photographies des parties restaurées sous la direction de M. D. Darcy, architecte.

147. — **Tombeau de Marie de Bourgogne dans l'église Notre-Dame de Bruges** (Belgique).

Monument de la fin du XVe siècle se composant d'un sarcophage en pierre de touche, sur les faces longitudinales duquel sont appliqués en cuivre rouge doré au feu les arbres généalogiques, côté paternel et côté maternel, composés de rinceaux surmontés d'anges portant les écussons en émail cloisonné. Sur une des faces latérales, se trouve la grande inscription, en vieux français ; sur l'autre, le grand écusson de Marie de Bourgogne. Aux quatre angles coupés, sont placés sur colonnettes les quatre évangélistes surmontés de pinacles ; la grande figure couchée de Marie de Bourgogne en manteau de cour couronne le tout.

Ce tombeau est d'une grande richesse de couleur et d'exécution ; les détails en sont ciselés avec une grande finesse et les écussons cloisonnés, au nombre de 81, sont de véritables bijoux d'un grand caractère héraldique.

Il ne peut y avoir de doute sur l'origine de ce chef-d'œuvre qui est, par son ensemble, ses détails et ses inscriptions, un travail vraiment français.

État restauré ; dessin de M. Hügelin, architecte.

ARCHITECTURE MILITAIRE.

148. — **Remparts de la cité de Carcassonne** (Aude) [VIe, XIIe, XIIIe siècles].

La cité de Carcassonne, qui est le plus remarquable spécimen de la fortification militaire au moyen âge, possède encore des tours datant de la domination visigothe, établies sur les restes de fortifications romaines, son château du XIIe siècle, l'enceinte extérieure élevée par saint Louis et les parties de la première enceinte élevées sous le règne de Philippe le Hardi.

Dessins de M. Viollet-le-Duc et photographies des parties de l'enceinte restaurées sous la direction de cet architecte.

149. — **Fortifications de Provins** (Seine-et-Marne).

Les constructions militaires de Provins appartiennent à la période du XIIe au XVe siècle, avec des remaniements ou des restaurations de la Renaissance.

Le donjon, bâti sur le point culminant de la ville, date du milieu du XIIe siècle ; sa base fut terrassée au XVe siècle par les Anglais, probablement pour recevoir de l'artillerie.

Dessins de feu Garrez, architecte.

150. — **Tour et pont d'Orthez** (Basses-Pyrénées).

Ce pont, construit au XIIIe siècle, faisait partie du système de fortifications de la ville, dont l'entrée était défendue de ce côté par un châtelet construit à l'extrémité du pont et par une tour élevée à son milieu qui dominait le château.

Dessins de M. Paul Bœswillwald ; photographies du pont restauré par cet architecte et de la tour de Moncade.

151. — Palais des Papes et remparts, à Avignon (Vaucluse).

Le Palais des Papes, placé sur la déclivité méridionale du rocher des Doms, qui côtoie le Rhône, est l'une des plus importantes constructions militaires du XIVe siècle et ne fut jamais pris de vive force.

Pendant soixante années, de 1316 à 1376, il fut le siége de la papauté française, qui fit élever non-seulement cette résidence, dont la masse formidable couvre une surface de 6,400 mètres environ, mais encore toute l'enceinte de la ville, dont le développement est de 4,800 mètres.

Les remparts d'Avignon furent élevés de 1348 à 1364. D'importants travaux de restauration y ont été exécutés sous la direction de M. Viollet-le-Duc, de 1863 à 1867.

Dessins de cet architecte et photographies des parties de l'enceinte qui ont été restaurées sous sa direction.

152. — Fortifications de la Rochelle (Charente-Inférieure).

Les tours de la *Chaîne* et de *Saint-Nicolas*, reliées autrefois par une immense arcature surmontée d'une galerie de communication qui fermait l'entrée du port, et la tour de la *Lanterne*, avec sa flèche en pierre, qui servait de phare, sont des constructions des XIVe et XVe siècles.

Dessins de M. Lisch, architecte.

153. — Château de Falaise (Calvados).

Donjon normand du XIIe siècle, composé de bâtiments quadrangulaires juxtaposés, renforcé pendant la domination anglaise, c'est-à-dire de 1418 à 1450, par une grosse tour-réduit cylindrique, renfermant six étages, couronnée par des mâchicoulis avec chemin de ronde. Le crénelage supérieur et les combles n'existent plus depuis les guerres de religion du XVIe siècle.

Dessins de feu Danjoy, architecte, et photographies des parties restaurées depuis 1864 sous la direction de M. Ruprich-Robert, architecte.

154. — Château de Vitré (Ille-et-Vilaine).

Élevé sur l'emplacement d'un château du XIe siècle, le château actuel est formé de constructions d'époques diverses (XIe, XIIIe, XIVe, XVe, XVIe siècles); parties refaites au XVIIe siècle.

Dessins de M. D. Darcy et photographies des parties restaurées sous la direction de cet architecte depuis 1872.

155. — Abbaye du Mont-Saint-Michel (Manche).

Cette abbaye, placée sur un rocher élevé de plus de 70 mètres au-dessus du niveau de la mer qui le baigne, était appelée, par sa position même, à devenir un point militaire important; aussi occupe-t-elle le premier rang parmi les établissements qui présentent à la fois un caractère religieux et militaire.

Elle a été fondée au VIIIe siècle par saint Aubert, évêque d'Avranches, mais les constructions les plus anciennes qui se soient conservées jusqu'à nous ne remontent pas au delà du XIe siècle.

L'église, commencée en 1020, a été achevée dans les premières années du XIIe siècle. Les trois premières travées de la nef ont été détruites en 1776, et le chœur, qui s'était écroulé en 1421, a été reconstruit de 1450 à 1510. De l'église romane, il ne reste que les transepts et quatre travées de la nef.

Les autres bâtiments de l'abbaye, détruits en grande partie par un incendie, ont été reconstruits au commencement du XIIIe siècle, selon la tradition bénédictine, mais sur un plan beaucoup plus vaste.

La Merveille date de ce temps, ainsi que la tour de la fontaine Saint-Aubert, avec l'escalier qui la reliait aux défenses extérieures de la Merveille (1205-1260).

A partir de cette époque, l'abbaye, devenue forteresse, s'étend à l'est, où ses bâtiments forment la nouvelle entrée fortifiée complétée au XVe siècle, et au sud, où s'élevèrent successivement, jusqu'au XVIe siècle, les diverses constructions du logis abbatial avec ses dépendances.

Des bâtiments du XIIe siècle, il n'existe plus que les galeries superposées de l'Aquilon et du promenoir, une partie des cuisines et du réfectoire ancien, bâtis au nord de l'église par Roger II, de 1112 à 1122, et les constructions élevées, vers 1180, par Robert de Torigny, qui enveloppent les substructions de l'église romane à l'ouest.

Les remparts qui entourent la ville furent élevés dans la deuxième moitié du XIIIe siècle, agrandis au XIVe siècle, complétés au XVe siècle et modifiés dans quelques parties au XVIe siècle.

En vertu d'un décret du 20 avril 1874, l'abbaye du Mont-Saint-Michel, propriété de l'État, a été remise par l'Administration des domaines au service des Monuments historiques, qui est chargé d'en assurer la conservation.

Dessins de M. Corroyer, architecte, qui dirige les travaux de consolidation commencés depuis 1873, et photographies des parties en restauration.

(Voir la suite des relevés dans la section des Beaux-Arts, au Champ de Mars.)

156. — Château de Coucy (Aisne).

Ce château, commencé par Enguerrand III, sire de Coucy, est une des plus imposantes forteresses de l'époque féodale. Le caractère de la sculpture, les profils ainsi que la construction, ne permettent pas de lui assigner une autre date que celle de 1220 à 1230. A la fin du XIVe siècle, la grande salle et les bâtiments d'habitation furent reconstruits par Louis d'Orléans, frère de Charles VI.

Le donjon est la plus belle construction militaire au moyen âge; il porte 31 mètres de diamètre hors œuvre sur 64 mètres, depuis le fond du fossé dallé jusqu'au couronnement. Une haute chemise de maçonnerie en protége la base du côté du dehors; entre cette chemise et la tour est un fossé de 8 mètres de largeur entièrement dallé, dont le fond est à 5 mètres en contre-bas du seuil de la poterne.

Cette tour, qui appartient à l'État, a été restaurée sous la direction de M. Viollet-le-Duc, de 1856 à 1864.

Dessins de M. Bruneau, architecte, et photographies des parties restaurées.

157. — Château de Montbard (Côte-d'Or).

Ce monument historique consiste aujourd'hui en une enceinte presque détruite ou modifiée dans le siècle dernier, et en une seule grosse tour ou donjon carré assez bien conservé qui paraît appartenir aux premières années du XIVe siècle.

Dessins de M. Viollet-le-Duc, architecte.

158. — Château de l'île Saint-Honorat (Alpes-Maritimes).

Construction du XIVe siècle, dans laquelle des fragments d'édifices plus anciens ont été employés et qui a été élevée par les religieux pour se défendre contre les descentes des pirates.

Dessins de M. Questel, architecte.

159. — Château de Pierrefonds (Oise).

Le château de Pierrefonds, à la fois le plus beau spécimen de l'architecture féodale du XVe siècle en France et l'une des plus somptueuses résidences de l'époque, fut élevé par Louis, duc d'Orléans, frère du roi Charles VI, dans les premières années du XVe siècle. A la suite d'un siége soutenu en 1616, il fut démantelé par ordre du Conseil du roi Louis XIII, alors âgé de quinze ans. On détruisit par la mine et par la sape la plupart des tours et des courtines et la plus grande partie des logements.

Dessins de M. Viollet-le-Duc, architecte, qui a dirigé les travaux de reconstruction entrepris en 1861, et photographies.

160. — Château de Dijon (Côte-d'Or).

Commencé sous Louis XI en 1478, continué sous Charles VIII et terminé sous Louis XII, en 1512, ce château est un des exemples les plus remarquables et les plus complets de l'architecture militaire de cette période. Il a malheureusement été détruit en partie, en 1870.

Dessins de M. Ch. Suisse, architecte.

161. — Donjon du château d'Oudon (Loire-Inférieure).

La tour d'Oudon servait de donjon à un château fort reconstruit à la fin du XIVe siècle (1392) sur la rive droite de la Loire, et dont les restes sont assez bien conservés pour permettre de se rendre compte de l'ensemble des dispositions anciennes.

Dessins de M. Ruprich-Robert, architecte.

ARCHITECTURE CIVILE.

162. — Hôtel de ville de Saint-Antonin (Tarn-et-Garonne).

Ce petit édifice, qui appartient à l'école de Toulouse, est une des plus jolies constructions du milieu du XIIe siècle.

Sa sculpture est traitée avec un soin et une perfection rares.

Dessins de M. Viollet-le-Duc et photographies des parties restaurées par cet architecte.

163. — Hôtel de ville de Clermont (Oise).

Édifice construit sous le règne de Charles IV le Bel, de 1321 à 1328, en même temps que les fortifications de la ville. Adossé à l'une des grosses tours de l'enceinte, il était parfaitement disposé pour servir de quartier général à la défense.

Dessins de M. Selmersheim et photographies des parties restaurées sous la direction de cet architecte.

164. — Ancien hôtel de ville d'Orléans (Loiret).

Commencé en 1442 et terminé en 1498, cet édifice présente un curieux spécimen de ce style de transition qui caractérise le règne de Louis XII. Le beffroi, œuvre de Robin Galier, a été achevé en 1453.

Le musée de sculpture et de peinture a été installé dans cet ancien hôtel de ville.

Dessins de feu Vaudoyer, architecte.

165. — Hôtel de ville de Compiègne (Oise).

Louis XII aida de ses deniers à la construction de cet édifice, qui fut bâti de 1505 à 1508, mais qui fut achevé seulement en 1655. Le plan primitif se composait d'une salle d'entrée donnant accès à l'escalier ou vis en pierre et à une grande salle des assemblées; ces dispositions se retrouvent au premier étage.

Dessins de M. Lafollye, architecte, sous la direction duquel d'importants travaux de restauration viennent d'être exécutés, et photographies.

166. — Hôtel de ville de Dreux (Eure-et-Loir).

Cet édifice, commencé en 1512 et terminé vers 1537 sous Marie d'Albret, comtesse de Dreux, eut successivement pour architectes Pierre Chéron, Jean des Moulins et Clément Métézeau, qui le restaura sous Louis XIII.

L'hôtel de ville de Dreux se reliait à l'enceinte de la vieille ville et faisait partie de son système de défense; il marque d'une façon bien accusée la transition entre le style de la fin du XVe siècle et celui de la Renaissance.

Dessin de M. Georges Darcy, architecte.

167. — Hôtel de ville de la Rochelle (Charente-Inférieure).

Édifice de deux époques bien distinctes; l'enceinte avec la tour du beffroi date du XVe siècle et le bâtiment principal a été reconstruit en 1605. Philibert Delorme passe pour l'avoir dessiné. L'escalier est terminé par une loge avec tribune où les échevins venaient prononcer les harangues. Cette tribune est surmontée d'une *impériale* qui abritait la statue du roi Henri IV, statue de grandeur naturelle et qui rendait exactement, selon d'anciens mémoires, les traits de ce grand roi, *le bien bon ami des Rochelois*, ainsi qu'il s'appelait lui-même. La statue primitive était en bois avec figure de cire.

Photographies des parties restaurées sous la direction de M. J. Lisch, architecte.

168. — **Beffroi de Bergues** (Nord).

Tour carrée du XIVe siècle. Lanterne en charpente et toitures des tourelles du XVIe siècle, rappelant par leurs formes l'influence de la domination espagnole dans toute la contrée.

Photographies des parties restaurées sous la direction de M. E. Danjoy, architecte.

169. — **Donjon du capitole de Toulouse** (Haute-Garonne).

Construction des XVe et XVIe siècles.

Photographies des parties restaurées sous la direction de M. Viollet-le-Duc, architecte.

170. — **Prétoire du Guerlesquin** (Finistère).

Cet édifice, unique en son genre, a été élevé vers la fin du règne de Louis XIII. Le tribunal et la prison de la sénéchaussée du Guerlesquin y étaient installés.

Il sert aujourd'hui d'hôtel de ville.

Dessins de M. Corroyer, architecte chargé de la restauration du monument.

171. — **Palais des ducs de Bourgogne, à Dijon** (Côte-d'Or).

La partie la plus ancienne de ce palais est la Tour-de-Bar, dont le rez-de-chaussée date du XIIIe siècle, mais dont la partie haute a été relevée à la fin du XIVe siècle. La Sainte-Chapelle, qui datait des XIIIe et XIVe siècles, a été démolie en 1802.

Le palais proprement dit, avec la grande tour de la Terrasse, commencée en 1363 par le roi Philippe le Hardi et continuée en 1404 par Jean sans Peur, fut achevé sous Philippe le Bon, de 1419 à 1467.

Photographies du bâtiment des cuisines élevé vers 1445 et restauré sous la direction de M. Selmersheim.

(Voir les dessins de cet architecte dans la section des Beaux-Arts, au Champ de Mars.)

172. — **Palais des ducs de Lorraine, à Nancy** (Meurthe-et-Moselle).

Commencé par le duc René II vers 1476, il fut agrandi et embelli par le duc Antoine qui, de 1501 à 1508, fit refaire la façade sur la rue et terminer en 1512 la grande porte d'entrée.

Le musée lorrain est aujourd'hui installé dans cet ancien palais.

Dessins de M. E. Bœswillwald et photographies des parties restaurées sous la direction de cet architecte.

173. — **Tour de Jean sans Peur, à Paris** (Seine).

Cette tour, qui dépendait de l'hôtel des ducs de Bourgogne, a été bâtie par le duc Jean sans Peur dans les premières années du XVe siècle.

Dessin de M. Bérard, architecte.

174. — **Château de Gien** (Loiret).

Ce château, bâti au XVe siècle par Anne de Beaujeu, fille de Louis XI, appartient à l'époque de transition. Sa construction en pierre et en briques et sa situation près des bords de la Loire, sur une plate-forme escarpée, lui donnent un aspect pittoresque.

Il est occupé aujourd'hui par la sous-préfecture et le palais de justice.

Dessins de M. Lisch, architecte.

175. — **Château de Saint-Germain-en-Laye** (Seine-et-Oise).

Suivant l'abbé Lebeuf, ce château aurait servi, en 1189, de résidence à Philippe-Auguste, qui revint y demeurer successivement en 1212, en 1219, en 1220 et en 1222. Suivant le même historien, c'est au château de Saint-Germain que saint Louis reçut Baudoin, empereur de Constantinople, et que fut signé l'acte de cession des reliques pour lesquelles la Sainte-Chapelle de Paris a été construite. En 1346, une grande partie du château fut brûlée par les Anglais. Ce fut Charles V qui, d'après Christine de Pisan, « *moult fit reédifier notablement le chastel de Saint-Germain en Laye.* » François Ier voulut ériger sur l'emplacement du château de défense un nouveau château plus en harmonie avec les habitudes de sa cour; il conserva toutefois la tour dite *de la Librairie* à l'angle nord-ouest et la chapelle bâtie de 1230 à 1240. Henri IV et Louis XIII firent de fréquents séjours au château de Saint-Germain; Louis XIV ne le quitta pour se fixer à Versailles qu'en 1682, époque à laquelle il le fit agrandir par la construction de cinq gros pavillons. Ces pavillons, qui restèrent inachevés et qui avaient l'inconvénient d'emprisonner d'anciennes parties très-importantes du château, ainsi que la belle chapelle de saint Louis, tombaient en ruine, lorsqu'en 1862 on entreprit de restituer au château de Saint-Germain son aspect du temps de François Ier.

Dessins de la chapelle par M. E. Millet et photographies des parties restaurées sous la direction de cet architecte.

176. — Château de Blois (Loir-et-Cher).

Cet important édifice comprend des constructions d'époques différentes. Les parties les plus anciennes sont évidemment les épaisses murailles qui soutiennent la *salle des États.* L'intérieur de cette salle offre encore une rangée de colonnes dont les chapiteaux ont tous les caractères du XIIIe siècle. Une tour enveloppée dans les constructions de François Ier peut remonter à la même époque, mais toute la partie supérieure avait été refaite et décorée au XVe siècle. La tour de Foix est également du XIIIe siècle; mais son couronnement a été construit par Catherine de Médicis, lorsqu'elle y établit un observatoire. Près de cette tour restent quelques constructions en briques et pierre, élevées par les comtes de Blois, de la maison d'Orléans, aïeux de Louis XII, qui a fait élever la chapelle, ainsi que le corps de logis qui vient à la suite et où se trouve la porte d'entrée du château.

En quittant l'aile Louis XII et en tournant à gauche, on rencontre le grand bâtiment où se trouve la *salle des États;* cet édifice, dont plusieurs parties remontent à une époque très-ancienne, a subi divers changements dans sa distribution et sa décoration. A sa suite se trouvent les constructions de François Ier, dont le développement était plus considérable que celui des bâtiments de Louis XII, qu'elles auraient rejoint si elles avaient été terminées.

Quand Gaston d'Orléans voulut remplacer les anciennes constructions du château de Blois par un édifice régulier, il fit abattre tout ce qui se trouvait du côté de l'ouest et fit élever, sur les dessins de François Mansard, le bâtiment que nous voyons aujourd'hui. La mort, qui surprit Gaston au milieu de l'exécution de ses projets, arrêta la destruction des constructions élevées par Louis XII et François Ier.

Dessins de feu Duban et photographies des parties du château qui ont été restaurées sous la direction de cet architecte.

177. — Château d'Amboise (Indre-et-Loire).

Fin du XVe et première moitié du XVIe siècle.

Ce château, reconstruit par Charles VIII et terminé par François Ier, appartient à la famille d'Orléans.

Dessins de M. Ruprich-Robert et photographies des parties restaurées sous la direction de cet architecte.

178. — Château de Fleurigny Yonne) [Chapelle].

Ce petit monument, construit sur les fondations d'une tourelle de l'ancien château qui avait été démoli par ordre de Charles VII, porte la date de 1532. Il se compose de deux chapelles superposées se raccordant avec les étages du château. Dans la chapelle inférieure, on remarque un admirable vitrail de Jean Cousin.

Dessins de M. Louzier, architecte.

179. — Château de Bournazel (Aveyron).

Ce château, construit par Guillaume Lyssorgues, dit le Sourd, originaire de Bournazel et élève de Philandrier, est une des plus belles habitations seigneuriales du XVIe siècle; il est malheureusement resté inachevé. L'aile septentrionale était affectée aux appartements d'habitation, tandis que l'aile orientale renfermait les grandes salles de réception. Il fut incendié le 4 février 1790.

Dessins de M. P. Gout, architecte.

180. — Château de Maisons-sur-Seine (Seine-et-Oise).

Construit dans une situation admirable par François Mansard, de 1642 à 1651, pour René de Longueil, président à mortier au parlement de Paris. Dispositions larges et bien entendues.

Dessins de M. Formigé, architecte.

181. — Hôtel-Dieu de Beaune (Côte-d'Or).

Fondé en 1443 par Nicolas Rolin, chancelier du duc de Bourgogne, cet établissement est à peu près tel que le xve siècle nous l'a laissé, bien qu'il soit construit en grande partie en bois. La cour, bien proportionnée et d'un aspect riant, possède encore son puits du xve siècle, son lavoir et sa chaire. Ces bâtiments ont conservé leur ancienne destination.

Dessins de M. Maurice Ouradou, architecte, qui restaure en ce moment la grande salle, et photographies.

182. — Ancien Hôtel-Dieu d'Orléans (Loiret).

Cet ancien Hôtel-Dieu du xvie siècle a été démoli en 1846, malgré les efforts que la Commission des monuments historiques a faits pour empêcher sa destruction.

Dessin de feu Vaudoyer, architecte.

183. — Ancien collége des Bernardins, à Paris (Seine).

Son réfectoire, d'une architecture à la fois simple et monumentale, remonte au commencement du xive siècle; il a subi des mutilations déplorables et sert aujourd'hui de casernement à une compagnie de pompiers.

Dessin de M. Selmersheim, architecte.

184. — Ancien collége de Navarre, à Paris (Seine).

Sa chapelle, de l'époque ogivale, sert actuellement de salle de cours à l'École polytechnique.

Dessin de M. Naples, architecte.

185. — Ancien collége Saint-Raymond, à Toulouse (Haute-Garonne).

Cet ancien collége de la fin du xive siècle dépendait de l'abbaye de Saint-Sernin; il a été récemment restauré et approprié au presbytère de l'église. Relié à l'enceinte de l'abbaye, il était disposé pour la défense, et sa façade extérieure était complètement fermée.

Photographies des parties restaurées sous la direction de M. Viollet-le-Duc, architecte.

186. — Salle des thèses de l'ancienne université d'Orléans (Loiret).

Édifice du xvie siècle d'une remarquable élégance.

Dessins de M. J. Lisch, architecte, chargé de la restauration du monument.

187. — Hôtel de Cluny, à Paris.

En 1340, Pierre de Chaslus, abbé de Cluny, fit, au nom de son ordre, l'acquisition du palais des Thermes et des dépendances qui s'y rattachaient encore depuis la construction de la nouvelle enceinte de Paris élevée par Philippe-Auguste. Un siècle plus tard, Jean de Bourbon, l'un de ses successeurs, jeta les premières fondations de l'hôtel sur les ruines d'une partie de l'ancien palais romain. Les travaux arrêtés à sa mort, en 1485, furent repris cinq ans plus tard par un autre abbé, Jacques d'Amboise.

Pendant trois siècles, l'hôtel de Cluny, mis à la disposition des rois de France, reçut les hôtes les plus illustres, à commencer par la veuve de Louis XII, qui s'y installa en 1515, peu de temps après l'achèvement des travaux.

Photographies de l'hôtel restauré sous la direction de M. A. Lenoir, architecte.

188. — Palais Granvelle, à Besançon (Doubs).

Cet édifice, construit de 1533 à 1540 par Nicolas Perrenot, seigneur de Granvelle, grand chancelier de l'empereur Charles-Quint, peut être considéré comme un des spécimens les plus curieux de l'architecture de la Renaissance dans la contrée. Le tracé des profils révèle une main très-exercée; la construction est soignée jusque dans les détails et très-consciencieuse.

La façade principale est presque entièrement construite en marbre du pays. L'emploi de matériaux sombres et résistants donne à cet édifice un aspect un peu triste et brutal.

Dessins de M. Bérard, architecte.

189. — Hôtel de Carnavalet, à Paris (Seine).

Commencé par Jean Goujon et par Jean Bullant, pour le président des Ligneris, continué par Ducerceau, achevé par François Mansard.

Sculptures admirables de Jean Goujon.

Dessins de M. Paul Gout, architecte.

190. — Maison romane, à Saint-Gilles (Gard).

Construction du XIIe siècle rappelant, par son appareil, les édifices romains du voisinage. Elle a été acquise par l'État et restaurée par M. Révoil, architecte.

Photographie.

191. — Maisons anciennes, à Provins (Seine-et-Marne).

La maison donnant sur la rue de Paris appartient à la première moitié du XIIIe siècle. Cette construction, faite avec beaucoup de soin et composée d'éléments très-simples, a cependant un caractère monumental.

Dessins de feu Garrez, architecte.

192. — Maisons anciennes, à Troyes (Aube).

XVe et XVIe siècles.

Dessins de feu Garrez, architecte.

193. — Maisons anciennes, à Perpignan (Pyrénées-Orientales).

Style aragonais (XVe et XVIe siècles).

Dessins de M. Formigé, architecte.

194. — Maison dite de Diane de Poitiers, à Orléans (Loiret).

Cette maison, dite de Diane de Poitiers, parce que cette dernière y aurait été transportée après l'accident qui lui arriva « en chevauchant de par la ville sur un palefroi », a été bâtie par Pierre Chastel, évêque d'Orléans, sous Henri II.

Elle a été restaurée par M. Lisch et renferme aujourd'hui le musée archéologique.

Dessins de feu Vaudoyer, architecte; photographies des parties restaurées et d'une maison voisine aménagée pour l'agrandissement du musée archéologique.

195. — Maison dite de François Ier, à Orléans (Loiret).

Cette maison a été bâtie en 1538 et décorée aux frais du roi; tout fait supposer qu'elle a été construite pour recevoir Anne de Pisseleu, duchesse d'Étampes, maîtresse de François Ier.

Dessins de feu Vaudoyer, architecte.

196. — Ancien cimetière de Montfort-l'Amaury (Seine-et-Oise).

Les galeries qui entourent ce cimetière ont été établies pour servir de charniers; elles n'ont jamais appartenu à un cloître. Cette destination est attestée par le monument lui-même où l'on remarque des têtes de mort sculptées à la rencontre des chapiteaux et une inscription latine, gravée en caractères gothiques, qui reproduit un passage de l'Écriture parlant des morts. L'étude d'anciens documents relatifs à la ville ne permettrait d'ailleurs aucun doute à cet égard.

On accède dans ce *Campo-Santo* par une porte ogivale de la fin du XVe siècle ou du commencement du XVIe, qui provient d'un autre monument.

Dessin de M. Raulin, architecte.

ALGÉRIE.

ARCHITECTURE DITE ARABE.

197. — **Grande mosquée Djama el Kebir, à Tlemcen** (département d'Oran).

Cet édifice, le plus vaste de l'Algérie qui soit encore affecté au culte, a été fondé en 1136; le minaret, remarquable par ses grandes et élégantes proportions, date de 1283. La maksourah, surmontée d'une coupole ajourée, et le m'rab qui s'ouvre sur cette partie du monument, sont décorés de sculptures d'un grand style creusées dans le plâtre.

Cette mosquée possède encore de curieuses charpentes décorées et sculptées, des boiseries, un lustre colossal en bronze et des marbres provenant de Mansourah.

Dessins de M. E. Duthoit, architecte, chargé d'une mission en Algérie pour l'étude de l'art arabe.

198. — **Mosquée de Sidi bel Hacen, à Tlemcen** (département d'Oran).

Cette mosquée, construite à la fin du XIIIe siècle (1296-1297), est de très-petites dimensions. Elle appartient à l'école andalouse. Sa décoration sculptée est restée presque intacte; son m'rab est particulièrement remarquable.

Dessins de M. E. Duthoit, architecte.

199. — **M'Dersa Tachfinya, à Tlemcen** (département d'Oran).

Ancien palais construit vers 1352, restauré et approprié à l'usage de M'dersa en 1389.

Les belles mosaïques de faïence et les charmantes sculptures en plâtre qui décoraient la porte de cet édifice, aujourd'hui détruit, ont pu être déposées et remontées au musée de Tlemcen par les soins de M. Duthoit, aux frais du service des Monuments historiques.

Dessins de M. E. Duthoit et de M. E. Danjoy, architectes.

200. — **Camp et mosquée de Mansourah, près Tlemcen** (département d'Oran).

Le camp, vaste enceinte fortifiée ayant 5 kilomètres de tour, date de 1299; bien qu'il ait été envahi et saccagé plusieurs fois, il a conservé une grande partie de ses tours et de ses courtines, sa mosquée en ruines et quelques traces du palais élevé en 1344.

La mosquée, dont on retrouve l'enceinte extérieure, couvrait une surface de plus de 4,000 mètres. Des fouilles faites il y a quelques années ont mis à découvert de nombreux débris qui attestent la magnificence de sa décoration. Le minaret, bâti en pierre dans l'axe de la façade, a conservé trois de ses faces; il est décoré d'une riche ornementation sculptée que rehaussent des incrustations de faïences émaillées.

Dessins de M. E. Duthoit, architecte, qui dirige les travaux de consolidation du minaret.

201. — **Mosquée et M'dersa de Bou Médine** (département d'Oran).

La mosquée, construite en 1389, près du tombeau de Sidi bou Médine, est de dimensions assez restreintes. Elle a conservé presque toute sa décoration de plâtre sculpté et de mosaïques; le grand porche avec sa coupole, ses revêtements sculptés, sa porte de bronze et ses mosaïques de faïence, est la partie la mieux conservée. Les belles mosaïques qui revêtent encore les étages supérieurs du minaret sont particulièrement remarquables.

La M'dersa, qui date de la même époque, était décorée avec tout autant de richesse; aujourd'hui, elle n'offre plus que l'aspect d'une ruine. Il faut cependant citer la porte principale, décorée de faïences et d'entrelacs assez bien conservés, ainsi que la coupole de la salle des cours, charpente ornée d'une extrême complication.

Dessins de M. E. Duthoit, architecte.

202. — **Mosquée de Sidi el Hallouy, près Tlemcen** (département d'Oran).

Bâtie en 1354, elle offre les mêmes dispositions que la mosquée de Sidi bou Médine, mais n'a conservé que quelques rares spécimens de sa décoration primitive. Elle est couverte par des charpentes d'une jolie composition, sur lesquelles sont encore visibles de nombreuses traces de coloration. Son élégant minaret et l'auvent en charpente de la porte principale, qui a conservé sa décoration de faïences, sont dignes de fixer l'attention.

Dessins de M. E. Duthoit, architecte.

203. — **Mosquée et tombeau de Sidi Brahim, à Tlemcen** (département d'Oran).

Le tombeau, qui date de la fin du XIVe siècle, a conservé sa décoration intérieure, sauf la peinture.

La mosquée paraît plus moderne, car, si elle offre les mêmes dispositions que les mosquées bâties antérieurement, il faut remarquer que ses proportions sont moins bonnes, ses détails moins riches et moins étudiés.

Dessins de M. E. Duthoit, architecte.

204. — **Minaret de Sidi bel Hacen er Rachidi. — Maisons et détails de constructions diverses, à Tlemcen** (département d'Oran).

Le minaret paraît dater du milieu du XIVe siècle; il dépend d'une petite mosquée en ruine et semble condamné, comme elle, à disparaître dans un temps peu éloigné.

Les motifs divers qui complètent la feuille n'offrent qu'un médiocre intérêt, si on les prend isolément; mais, par leur réunion, ils peuvent aider à reconstituer les éléments de l'art musulman, art trop peu connu.

Dessins de M. E. Duthoit, architecte.

PEINTURES MURALES.

205. — **Peintures dans l'église de Saint-Loup de Naud** (Seine-et-Marne) [Xe siècle].

1° Sanctuaire, face latérale : *Les âmes reçues dans le sein d'Abraham.*

2° Conque absidale développée. Au centre : *Le Christ;* dans la zone supérieure : *Les quatre Symboles des Évangélistes;* dans les parties inférieures : *Les quatre fleuves du Paradis terrestre;* dans la zone intermédiaire : *Les douze Apôtres.*

Dessins de M. Lameire.

206. — **Peintures dans la crypte de la cathédrale d'Auxerre** (Yonne).

Ces peintures, exécutées à fresque, remontent au Xe siècle. Le sujet est tiré de la vision de saint Jean (Apocalypse, chapitre XIX). « Je vis le ciel ouvert et il parut un cheval « blanc; celui qui était monté dessus s'appelait le Fidèle et le Véritable; les armées « du ciel le suivaient sur des chevaux blancs vêtus de fin lin blanc et pur. »

Dessins de M. Denuelle.

207. — **Peintures du temple Saint-Jean, à Poitiers** (Vienne).

Ces peintures, exécutées à fresque, au XIe siècle, font partie d'un ensemble où les archanges et les apôtres sont représentés. L'ornementation semble empruntée aux premiers siècles de l'ère chrétienne; elle a tout le caractère de l'art romain de cette époque.

Dessins de M. Denuelle.

208. — **Peintures de l'Église de Vic, commune de Nohant** (Indre).

D'après l'examen de la construction, on peut donner pour date approximative de l'édification de cette église la fin du XIe ou le commencement du XIIe siècle.

Les peintures à fresque qui décorent les murs du chœur semblent appartenir à la première moitié du XIIe siècle, c'est-à-dire à une époque de bien peu postérieure à celle de la construction de l'église. Les figures, d'un dessin très-barbare, portent la marque évidente d'une même main, à la fois inhabile et douée d'une grande facilité. Comme attitudes et comme vêtements, elles rappellent les mosaïques byzantines de Ravenne et celles de quelques basiliques romaines.

La nef, qui paraît plus moderne que le chœur, sans qu'il soit possible de préciser l'époque de sa reconstruction, à raison des enduits qui couvrent les murs à l'intérieur et à l'extérieur, devait être également ornée de peintures.

Dessins de M. E. Brune, architecte.

209. — Peintures de la chapelle du Liget (Indre-et-Loire).

Ces peintures datent du milieu du XIIe siècle. Elles se trouvent dans une chapelle distante de quelques centaines de mètres de l'ancienne chartreuse du Liget, construite au XIIe siècle; il est probable que cette chapelle a fait autrefois partie du monastère.

Les sujets sont au nombre de six. Cinq seulement sont bien conservés; ils sont placés entre les sept fenêtres de la partie circulaire du monument, et occupent à peu près toute la hauteur de ces fenêtres.

Dessins de M. Savinien Petit.

210. — Peintures du réfectoire de l'ancienne abbaye de Charlieu (Loire).

Ces peintures, exécutées à fresque sur un enduit très-fin, paraissent appartenir à l'art du XIIIe siècle; il est certain qu'elles sont bien postérieures à la construction des murs qu'elles recouvraient.

Dessins de M. Denuelle.

211. — Peintures de la tour Ferrande, à Pernes (Vaucluse).

Ces peintures datent de la fin du XIIIe siècle; elles représentent des sujets qui ont trait à la guerre entreprise contre Conradin, sous l'inspiration de Clément IV, par Charles Ier, roi de Sicile. On voit d'abord ce dernier à genoux devant le pape, puis le camp de l'armée de Charles, enfin une grande bataille. Au-dessous étaient figurées différentes scènes dont il est difficile de reconnaître les sujets, tellement les figures et les inscriptions sont effacées. A la suite de la grande bataille, est représenté un combat singulier entre un chef sarrasin et un guerrier de l'armée de Charles.

Dessins de M. Révoil, architecte.

212. — Peinture dans l'église Saint-Philibert, à Tournus (Saône-et-Loire).

Cette peinture, représentant le jugement dernier, a été exécutée à fresque au commencement du XIVe siècle.

Dessins de M. Denuelle.

213. — Peintures dans la cathédrale de Clermont (Puy-de-Dôme).

XIVe siècle.

Dessins de M. A. Dauvergne.

214. — Peintures dans la Sainte-Chapelle, à Paris (Seine).

Peinture du fond d'un quatre-feuilles sous l'arcature du banc du roi (XIIIe siècle).

Fac-simile fait en 1848 par M. Steinheil et fragments de peintures dessinés par MM. Duban et Bœswillwald.

215. — Peintures du porche de l'église Notre-Dame-des-Doms, à Avignon (Vaucluse) [XIVe siècle].

Ces peintures sont de Simon Martini (dit Simon de Sienne), désigné par Vasari sous le nom de Simon Memmi, qui fut appelé en 1338 par le cardinal Annibal Ceccano, sous le pontificat de Benoît XII. Les peintures de la voûte et des faces latérales ont disparu; il ne reste plus que les deux sujets qui occupent le tympan de la face d'entrée de la cathédrale, l'un représentant le Christ bénissant avec un chœur d'anges et tenant le monde, l'autre représentant la Vierge avec l'enfant Jésus et deux anges tenant une draperie, dont l'un présente le cardinal Ceccano.

Dessins de M. Denuelle.

216. — Peintures du palais des papes, à Avignon (Vaucluse).

Les peintures qui décorent la chapelle basse de la tour Saint-Jean, construite sous le pontificat de Benoît XII, de 1334 à 1342, ont été exécutées à fresque, de 1342 à 1352, sous Clément VI. On les a longtemps attribuées à Giotto; elles sont évidemment de son école.

Les peintures qui décorent la chapelle haute de la tour Saint-Jean ont été exécutées, de 1352 à 1362, sous le pontificat d'Innocent VI, prélat originaire du Limousin, qui fit représenter dans cette chapelle la légende de saint Martial, patron de la ville de Limoges. On attribue ces peintures à Simonetti, peintre lyonnais.

Les peintures de la salle du Consistoire (ancien tribunal de la Ruota), représentant les prophètes, ont été exécutées sous le même pontificat; elles sont attribuées par les uns à Thaddeo Gaddi et par les autres à Spinello Aretino.

Dessins de M. Denuelle.

217. — Peinture dans l'église des Célestins, à Avignon (Vaucluse).

Cette peinture, exécutée à la fin du XVe siècle dans la chapelle de Saint-Pierre-de-Luxembourg, est tirée de la légende de sainte Madeleine.

Dessins de M. Denuelle.

218. — Peintures dans l'hôtel Jacques-Cœur, à Bourges (Cher).

Les peintures de la voûte de la chapelle remontent à la construction de l'hôtel (1442). Cette voûte, divisée par des nervures en douze triangles (quatre grands et huit petits), présente, sur un fond d'azur constellé, des anges portant des phylactères avec des passages de l'Écriture. Aux clefs de voûte, sont les armes de Jacques Cœur et de Marie de Leodepart, sa femme.

Cette œuvre est d'une importance capitale pour l'histoire de la peinture en France au XVe siècle.

Dessins de M. Denuelle, qui a fait la restauration de cette voûte et de la chapelle.

219. — Peintures du plafond de la galerie Mazarine, à la Bibliothèque nationale, à Paris (XVIIe siècle).

Pendant le séjour du cardinal Barberini, son protecteur, Romanelli (Giovanni-Francesco), fit deux voyages en France. Pendant l'un deux, le cardinal Mazarin lui fit décorer les plafonds de son hôtel (aujourd'hui la Bibliothèque nationale) de diverses scènes mythologiques tirées des *Métamorphoses d'Ovide.*

Dessins de M. Frappaz.

VITRAUX PEINTS.

220. — Verrières de la Sainte-Chapelle de Paris.

Fac-simile de panneaux de vitraux du XIIIe siècle (1245-1248), avant la restauration.

Dessins de M. Steinheil.

MOSAÏQUES.

221. — **Mosaïques de Bielle, vallée d'Ossan** (Basses-Pyrénées).

Ces mosaïques, d'époque gallo-romaine, découvertes en 1842, sont détruites à peu près complétement. Le style de la décoration est essentiellement romain; l'exécution, en petits cubes de pierre, de marbre et de brique, de 5 à 6 millimètres de côté, est parfaite.

Bielle était le siége d'une juridiction romaine; on y a trouvé des traces de temples et de thermes.

Dessin de M. Lafollye, architecte.

222. — **Mosaïques de Pondoly, près Jurançon** (Basses-Pyrénées).

Découvertes en l'an x, au milieu d'un établissement thermal gallo-romain, et recouvertes presque aussitôt, ces mosaïques furent de nouveau mises au jour sur une surface importante, en 1850. Depuis cette époque, sous l'influence des pluies et des gelées, la destruction de ce remarquable monument de l'art décoratif gallo-romain s'accomplit rapidement.

Dessins de M. Lafollye, architecte.

223. — **Mosaïque de Taron** (Basses-Pyrénées).

Ce fragment est le seul reste d'une surface de mosaïque gallo-romaine de 15 mètres carrés environ, mise au jour, en 1860, dans le cimetière de Taron et détruite en grande partie.

Exécutée sur une forme en béton rose, cette mosaïque joint au mérite d'une bonne exécution celui d'un dessin excellent.

Dessins de M. Lafollye, architecte.

224. — **Mosaïques dans l'ancienne cathédrale de Lescar** (Basses-Pyrénées). — Époque romane.

Ces mosaïques, mentionnées par Pierre de Merca (1640) dans son *Histoire de Béarn*, et attribuées par lui à l'évêque Guy (1113-1141), qui fit achever la cathédrale, furent recouvertes et oubliées jusqu'en 1838, époque à laquelle les travaux exécutés dans le chœur les mirent de nouveau à découvert.

Ce sont les restes du pavage en mosaïque qui occupait toute l'abside et le centre du chœur de l'église de Lescar.

Dessins de M. Lafollye, architecte.

225. — **Mosaïques dans l'église de Sordes** (Landes). — Époque romane. — XIIe siècle.

Découvertes en 1869 dans l'église romane de Sordes, qui date de la fin du XIe siècle, et dont il ne reste que les absides, ces mosaïques sont précieuses en ce qu'elles semblent indiquer la transition du style roman. Le style byzantin y domine et les figures d'animaux de la rosace ont la forme allongée, type des figures héraldiques.

Il reste à peine aujourd'hui la moitié des motifs mis à découvert en 1869.

Dessins de M. Lafollye, architecte.

226. — **Mosaïque du chœur de l'église de Saint-Benoît-sur-Loire** (Loiret).

Cette mosaïque, provenant de quelque monument antique, a été apportée d'Italie au XVIe siècle par le cardinal Antoine Duprat, qui fit, à cette époque, exécuter des réparations importantes à l'église de Saint-Benoît. Elle est composée des marbres les plus rares, jaspes, porphyres et serpentines et posée sur un plan incliné. Son travail est extrêmement remarquable.

Dessin de M. Lisch, architecte.

227. — Tapisseries dans l'église Sainte-Marthe, à Tarascon (Bouches-du-Rhône).

xve siècle.

Dessins de feu Laval, architecte.

---

228. — Statue de sainte Foy. — Trésor de Conques (Aveyron).

Cette statue en or repoussé de la patronne de l'abbaye de Conques est haute de 85 centimètres. Elle est, avec l'A de Charlemagne, l'un des objets les plus précieux du trésor de Conques, qui ne comprend pas moins de quatre-vingts pièces. M. A. Darcel pense que sa date doit correspondre à celle de la translation d'Agen à Conques du corps de sainte Foy, c'est-à-dire à la fin du IXe siècle ou au commencement du Xe. Cette opinion lui est suggérée par quelques ornements du fauteuil qui lui semblent être d'un style antérieur à l'époque romane. De nombreuses additions sont venues par la suite en modifier quelque peu les détails, sans toutefois en altérer le caractère. Ainsi, les mains en vermeil sont du XVIIe siècle; l'agrafe qui ferme le collet de la robe est un magnifique bijou du XVe siècle; le reliquaire placé au-dessous de ce joyau est de la fin du XIIIe siècle. Enfin, à différentes époques, on a semé sur la statue une quantité de pierres précieuses et toutes sortes de fragments.

Dessin de M. Formigé, architecte.

---

229. — Carte des monuments historiques de France, indiquant les écoles d'art pendant la première moitié du XIIe siècle, dressée en 1875 par la Commission des monuments historiques.

230. — Carte de l'occupation romaine en Algérie.

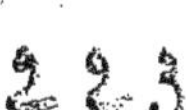

www.ingramcontent.com/pod-product-compliance
Ingram Content Group UK Ltd.
Pitfield, Milton Keynes, MK11 3LW, UK
UKHW022144170726
13837UKWH00004B/1768